LECCIONES DE *El Principito* SOBRE MARKETING

LECCIONES DE
El Principito
SOBRE MARKETING

**UNA GUÍA PARA MARCAS CON ALMA
Y PERSONAS CON PROPÓSITO**

SARA VILLEGAS

EMPRESA ACTIVA

Argentina – Chile – Colombia – España
Estados Unidos – México – Perú – Uruguay

1.ª edición: marzo 2026

ISBN: 978-84-18308-31-4
E-ISBN: 979-13-87899-58-5
Depósito legal: M-1.883-2026

Fotocomposición: Urano World Spain, S.A.U.

Impreso por: Rodesa, S.A. – Polígono Industrial San Miguel
Parcelas E7-E8 – 31132 Villatuerta (Navarra)

Impreso en España – *Printed in Spain*

A Otger,
por seguir desmontando mis certezas
con la elegancia de un porqué.

A quienes forman mi pequeño asteroide,
los que me sostienen incluso cuando no entienden el
viaje
y siempre dan sentido al regreso.

Y a todos los valientes que, contra todo pronóstico,
siguen huyendo de lo obvio
para encontrar sentido en lo invisible.

Índice

Prólogo de Sandro Rosell

Maestro en construir marcas como Nike, los Juegos Olímpicos y el F. C. Barcelona.

«Sólo se ve bien con el corazón; lo esencial es invisible a los ojos.»

Si alguna vez pensaste que esta frase de *El Principito* solo hablaba de sentimientos, este libro te hará mirar más allá. Porque el marketing también va de eso: de conectar, de emocionar, de mirar con el corazón.

Porque cuando Sara decidió unir el universo de *El Principito* con las múltiples galaxias del marketing, no estaba haciendo un experimento literario. Estaba señalando un camino. Uno que nos recuerda que las marcas, como las personas, también buscan ser queridas, comprendidas y elegidas. Y que las decisiones de consumo, como las del corazón, rara vez se toman con los ojos.

Sara ha escrito algo más que un libro. Ha creado un puente. Entre lo que sentimos y lo que comunicamos. Entre la estrategia y la sensibilidad. Entre los fundamentos clásicos del marketing y esa mirada más empática, más humana, que hoy se hace imprescindible. Porque el buen marketing —ayer, hoy y siempre— no se entiende sin emoción.

Capítulo a capítulo, planeta a planeta, va tejiendo paralelismos que sorprenden y emocionan: desde el Vanidoso que solo quería ser admirado —como ciertas marcas que buscan *likes* vacíos—, hasta el Zorro que nos enseña que «lo esencial es invisible a los ojos», como esos valores de marca que realmente conectan cuando se viven.

Pero lo más bello de este libro no es solo la metáfora. Es la verdad.

Sara no se queda en el cuento: lo aterriza con ejemplos prácticos, reales, documentados, con nombres y apellidos. Y aunque me tome la licencia de hacer un pequeño *spoiler*, confieso que he vivido algunos de esos casos en primera persona en Nike, así que puedo asegurarte que lo que cuenta es tal cual.

Nike se quedó con el balón de la liga profesional de fútbol y también con el histórico contrato del F.C. Barcelona. En el caso del Barça, lo que Sara relata no es solo lo que ocurrió, sino por qué ocurrió: porque Nike supo escuchar. Entendió el sentimiento culé y lo interiorizó. Me gustaría añadir un detalle para reforzar lo que Sara explica: decidimos no utilizar nada blanco —el color del eterno rival— en el diseño de la camiseta. En su lugar, los nombres y dorsales se imprimieron en amarillo. El resultado no fue solo una equipación deportiva. Fue una declaración de amor. De pertenencia. De familia.

Eso, exactamente eso, es marketing con alma.

Y es lo que hace a este libro tan distinto. Tan necesario. Porque mientras muchos hablan de estrategias, embudos y métricas, Sara nos recuerda que el marketing, antes que técnica, es mirada. Es empatía. Es, como *El Principito*, una invitación a pensar diferente, a pensar *out of the box*. A cambiar el ángulo. A mirar desde otro lado.

«Para ver claro, basta con cambiar la dirección de la mirada», decía el Principito.

Y eso es exactamente lo que propone este libro.

Lo he leído con curiosidad, emoción y, por momentos, con una sonrisa cómplice. He aprendido cosas que no sabía. Y he recordado otras que había olvidado. Porque a veces, entre tantos dashboards y KPI, se nos olvida lo más básico: que no hay buena estrategia sin una buena historia. Y no hay historia que valga si no conecta con lo que el otro siente.

Este libro, como *El Principito*, debería traducirse a más de quinientos idiomas. Porque el marketing del corazón se entiende en todas partes. Y porque la lección es universal: no basta con ver, hay que sentir.

Si estudias marketing, si trabajas en ello, si lo amas, si lo odias, si aún no sabes por qué te apasiona tanto este mundo...

Este libro es para ti.

Y no porque tenga todas las respuestas, sino porque te invita a hacerte las preguntas correctas.

Sara ha logrado algo hermoso: humanizar el marketing.

Y como todo lo que se hace con el corazón, este libro... emociona.

Sandro Rosell

Prólogo de El Principito

Maestro en descubrir lo esencial.

Querido lector:

Si este libro ha llegado hasta tus manos, quizá sea porque un día Sara vino a verme. No apareció como suelen hacerlo los adultos —cargados de prisa, de conclusiones y de palabras demasiado ruidosas—, sino con esa mezcla de curiosidad y suavidad que solo conservan quienes todavía saben mirar con calma. Traía una luz serena en los ojos y una pregunta que parecía escapársele antes incluso de pronunciarla:

«¿Cómo puedo explicar lo que hace que una marca se sienta... de verdad?»

La pregunta era hermosa, pero más hermosa aún era la manera en que la planteaba. Sara escucha con una atención que ya casi no se ve: una escucha que nace en la piel, que atraviesa la mirada y que se completa en el alma. Tiene una intuición que se adelanta a las palabras; a veces parece leer lo que uno siente antes de que uno mismo lo sepa. Y cuando le señalo la izquierda, puede que avance hacia la derecha, no por despiste, sino porque su mente no sigue líneas rectas... Sigue constelaciones. Es una sensibilidad particular —profunda, luminosa y vulnerable— que la lleva a vivirlo todo desde las entrañas, como si cada emoción pasara primero por su corazón y solo después por sus pensamientos.

Me pidió que la acompañara por mis planetas, no para obtener respuestas, sino para aprender a ver. Y así emprendimos el viaje. Le presenté al Rey, al Vanidoso, al Bebedor y al Farolero; al Hombre de Negocios, al Aviador, al Astrónomo y al Geógrafo, y, por supuesto, al Zorro y a mi Rosa. No necesité explicarle gran cosa: miraba a cada uno con una delicadeza tan honda que mis amigos parecían reconocerse en su mirada. Yo hablaba, pero era ella quien comprendía. No con métodos ni teorías, sino con esa sensibilidad suya que abraza antes de juzgar.

Y entonces lo comprendí: lo que yo había aprendido lejos, en mis viajes por el cielo, ella lo había aprendido en el planeta Tierra, entre marcas que buscan un corazón, historias que buscan sentido y personas que buscan sentirse vistas. Mis planetas eran los suyos. Mis personajes, también. Y aquello que yo miré con el corazón, ella supo ponerlo en palabras que otros podrían oír sin perder la verdad.

Por eso nació este libro.

Porque Sara supo unir dos mundos que laten igual: el de las emociones que nos sostienen y el de las decisiones que creemos racionales; el de lo invisible que nos mueve y el de lo visible que mostramos. Porque miró mis viajes con la misma honestidad con la que mira los suyos. Porque cuando alguien nombra lo esencial desde las entrañas, deja de estar escondido.

Yo ya he encendido mi lámpara, he dejado abierta la puerta y he trazado un mapa que no pide prisa, sino presencia.

Ahora te toca a ti, lector. Camina sin miedo. Detente donde algo te toque. Y, con suerte, quizá te encuentres a ti mismo en un rincón inesperado del camino.

Con afecto y un poco de polvo de estrellas,

El Principito

0

«Lo esencial del marketing es invisible a los ojos»

El principio de lo invisible

Piensa en la última vez en la que se te puso la piel de gallina. ¿Lo tienes? Ese instante diminuto y brutal. El vello se alza como si algo invisible tirara de cada poro, un escalofrío te recorre la columna, el estómago se encoge y, por un segundo, sientes que, con la sacudida eléctrica, el aire se hace más denso. Tu cuerpo reacciona antes que la cabeza, que ya no tiene el control. Manda la piel.

¿Necesitas ayuda para recordar? ¿Qué me dices de esa mano que aprieta la tuya un segundo más de lo necesario; de esa frase que alguien empieza con la voz rota y que ya

21

no necesitas que complete; del olor preciso que te devuelve a algo o alguien que no sabías que echabas de menos; o del estribillo que quedó atrapado en tu cabeza justo el día en que todo cambió? No hay banner, briefing ni KPI que describa esa punzada; y, sin embargo, ahí es donde vive la verdad. Justo donde habita ese zarpazo seco, casi incómodo, que llega sin pedir permiso y se aferra al esternón. Te sacude primero el pecho, después sube por la nuca y, de pronto, todo el cuerpo sabe que algo importa. No lo ves, no lo entiendes, pero ahí está: invisible, intangible y, sin embargo, completamente real. Pues el marketing que interesa —el que emociona y deja huella— nace justamente en ese pellizco secreto que nadie ve.

Te lo cuento porque esto —exactamente esto— es la materia prima del marketing que permanece. No la foto de *stock* perfecta, ni el eslogan ingenioso pero superficial que nadie recordará mañana, ni la tipografía bonita o el color metalizado de un envase. Todo ayuda, claro está, pero lo que te ata a una marca es lo que no se ve: la emoción cruda que se cuela bajo la piel y deja cicatriz. Y cuando una marca logra ese pellizco interno, ya no necesitas justificar la compra; sencillamente, sientes que te pertenece. Todo lo demás —el logotipo, la oferta flash, el vídeo viral— es atrezo.

Dicho esto, aquí va la primera bofetada pedagógica, de esas que duelen un poquito pero despiertan: si tu estrategia depende de una *checklist* brillante o de un *hack* para hacerse viral, estás jugando a lo fácil, estás apostando por lo superfluo. Y sí, puede que en la ruleta del algoritmo tu número salga alguna vez…, pero no confundas el azar con la estrategia. Esa jugada no construye marca, y mucho menos legado. El marketing auténtico empieza donde terminan las plantillas estandarizadas, en la zona pantanosa donde solo valen la humanidad y la verdad: en la zona de lo invisible.

Ojalá pudiera atribuirme este hallazgo, pero alguien se me adelantó. Saint-Exupéry descifró la regla fundacional del branding décadas antes de que acuñáramos siquiera la palabra, cuando creó a un niño curioso de cabellos rubios y bufanda interminable, llegado desde un asteroide diminuto, que comprendió mucho antes que nosotros una verdad incontestable:

«Lo esencial es invisible a los ojos», repetía sin descanso el Principito.

Él —que será nuestro guía en este viaje literario— sabía que lo importante no es la apariencia del Zorro, sino los lazos que lo vuelven único entre cien mil. Exactamente lo mismo que separa a una marca cualquiera de esa otra marca sin la que ya no puedes vivir.

Lo que no nos dijo Saint-Exupéry, y quiero decirte yo, es que esta verdad irrefutable también se aplica al marketing y le encaja como un guante. Porque lo esencial del marketing —aquello que crea lazos invisibles pero irrompibles entre una marca y su público— también es invisible a los ojos.

Por eso vamos a acompañar al Principito en su recorrido planetario, usando su mirada inocente para redescubrir juntos qué significa realmente conectar, más allá del producto, más allá del precio, y, sobre todo, más allá de lo racional. Porque una marca que toca las fibras invisibles, aquellas que no pueden medirse, es la única capaz de quedarse para siempre.

En este viaje veremos que cada marca actúa según lo que sabe, lo que quiere o lo que buenamente puede hacer. Algunas brillan sin proponérselo y otras tropiezan con sus propias certezas. Atravesaremos planetas habitados por marcas que se creen reinas, otras que viven para gustarse, algunas que repiten patrones sin entender por qué hacen lo que hacen... Y en más de una parada, te lo advierto, nos vamos a reconocer. Porque este viaje no va solo de marcas: también va de nosotros.

Manual de vuelo para marcas con alma

¿Arrancamos, pues?

Como ya sabrás, este libro sigue el itinerario interestelar del Principito. Viajaremos con él de planeta en planeta, pero no esperes meteoritos ni ciencia ficción: estos mundos que vamos a explorar se parecen mucho a los que tú y yo habitamos cada día. Son lugares comunes donde residen las marcas, los departamentos de marketing, los emprendedores que montan un negocio con más ilusión que estrategia e incluso cualquiera que vende o se vende sin ser muy consciente de ello. Planetas donde, bajo distintas formas, todos intentamos comunicarnos, gestionar, conectar, vender. A veces, sin saber del todo cómo.

Y, aunque este viaje se inspira en los mundos y personajes de la obra original, aquí me permito algunas licencias poéticas. Algunos planetas que en *El Principito* no existen —o no tienen habitante propio— aparecen aquí transformados para poder explicar mejor ciertas ideas. No es una reproducción literal del universo de Saint-Exupéry, sino un homenaje narrativo que respeta su espíritu mientras adapta su simbolismo al lenguaje del marketing con alma.

Cada planeta que visitaremos a través de los ojos de este viajero curioso revela un patrón, una forma de ser y estar en el mundo del marketing y de la comunicación; un pecado del marketing, una herida con su propia historia. Y, con suerte, también una posible cura. Porque cada encuentro es un espejo. Un recordatorio de lo que muchas marcas hacen, de lo que otras ignoran y de lo que algunas intentan con más entusiasmo que acierto.

Desde el planeta del Rey autoritario —ese que cree que imponer es comunicar— hasta el planeta del Farolero, que ejecuta sin alma, por costumbre, por inercia, repitiendo mensajes como quien da cuerda a un reloj olvidado. Pasaremos por todos ellos. En algunos, te vas a reír. En otros, te vas a ver. Y, en más de uno, lo advierto, te vas a sentir incómodo. Ahí es.

Porque eso también es parte del viaje, de cualquier viaje diría yo. Espero que coincidas conmigo en que mirar con honestidad —igual que sentir de verdad— no siempre es cómodo, aunque casi siempre merece la pena.

Viajaremos de planeta en planeta, de un estilo de hacer marketing a otro, como quien cruza territorios emocionales sin GPS, con los ojos bien abiertos y la curiosidad por delante. Hasta que, al final, volvamos al lugar del que partimos: el asteroide B-612. A casa. Donde habita el pequeño príncipe y, con él, la certeza de que el verdadero corazón del marketing nunca estuvo en lo que se ve, sino en lo que se siente. Lo esencial. Lo invisible. Lo que tiene alma.

No esperes recetas infalibles. Este no es un libro de fórmulas mágicas ni de gurús en piloto automático. No hay atajos ni trucos que funcionen para todos. Si has venido en busca de la «fórmula de los seis pasos para facturar un millón en tres meses», cierra ahora mismo estas páginas y corre a por tu maestro espiritual favorito en YouTube. Aquí no vendemos humo. Lo que vas a encontrar aquí es otra cosa: una brújula. Una guía con alma.

Te hablaré desde la experiencia, sí, pero también desde la intuición afilada a base de ensayo y error; desde lo aprendido en las aulas, en las salas de reuniones y a partir de ideas que volaron alto y otras que nunca despegaron. Te hablaré desde lo vivido, desde la trinchera en la que he convivido con briefings mal escritos, deadlines que se adelantan, conceptos que se salvan en el último minuto, presentaciones más sostenidas por la fe que por los datos, y equipos que —a falta de presupuesto— levantan maravillas con agallas y creatividad. Pero, de todo eso, sobre todo, se aprende.

Y te hablaré desde lo leído también, con grandísimas voces del marketing como compañeras de viaje. Lo haré sin dogmas, sin idolatrías, sin prometerte una religión. Aquí no se reza a nadie, aquí nos arremangamos. Usamos la teoría, sí, pero sin solemnidad. La aterrizamos, la recorremos con olfato y con calle. Porque si algo no te sirve para emocionar o para decidir, lo demás es literatura.

Este manual de vuelo no te ofrecerá un mapa con rutas predefinidas con las que es imposible perderse. Es más bien una bitácora: abierta, imperfecta, escrita con tinta y correcciones al margen. Aquí encontrarás preguntas, no certezas; caminos, no autopistas. Te invitará a observar si tu marca (profesional o personal) está atrapada en discursos que suenan bien pero no significan nada, o si, en cambio, está construyendo vínculos reales con quienes la eligen sin necesidad de gritar.

Revisaremos campañas que han tocado fibras profundas, que han sabido hablar con emoción antes que con argumentos. Y también abriremos vitrinas polvorientas: las de marcas que un día fueron gigantes y hoy son recuerdos. No por falta de presupuesto, sino por falta de mirada. Porque cuando una marca deja de ver con el corazón y se limita a confiar en lo visible, en lo medible, en lo que «funciona», empieza a desvanecerse. Y, muchas veces, sin darse cuenta.

Porque sí, esto va de marketing. Pero va también de relaciones. De cuidado. De propósito. De emoción. Y de las entrañas del marketing, de esa sensación que no cabe en un cuadro de mandos, pero decide la lealtad de un cliente. De marcas que se atreven a ser más que anuncios. Que no solo venden: importan.

Porque las métricas guían, sí. Pero la piel decide.

Y cuando la piel decide, no hay descuento que la haga cambiar de opinión.

Todo viaje empieza con un «por qué»

Me atrevería a decir que casi todos los viajes importantes comienzan con una pregunta. Y si afinas el oído, verás que rara vez empiezan por un «cuándo», un «cuál» o un «cómo». Suelen empezar por un «por qué», porque el punto de partida suele ser ese pequeño abismo entre lo que sabes y lo que intuyes, y la necesidad de entenderlo es el motor de dicho viaje.

Esta vez no fue diferente. Todo empezó con una pregunta o, mejor dicho, con muchas. Nos remontamos a ese día en que el Principito, sentado en su asteroide, con la mirada perdida entre sus volcanes y su rosa dormida bajo la campana de cristal, comenzó a preguntarse cosas que ninguna campaña publicitaria le respondía:

- ¿Por qué no hay ninguna marca que venda tiempo para ver más puestas de sol?
- ¿Por qué los catálogos no indican si algo sirve para echar de menos?
- ¿Por qué no encuentro un producto que me ayude a entender a mi rosa?
- ¿Por qué me piden que elija rápido si nunca he entendido la prisa?
- ¿Por qué no puedo pagar con ternura y solo aceptan tarjetas?
- ¿Por qué todo el mundo quiere venderme tijeras para podar baobabs, pero nadie me ofrece paciencia?
- ¿Por qué no hay ninguna tienda donde no me vendan cosas, sino respuestas?
- ¿Por qué ninguna bufanda viene con la promesa de abrazar también los días tristes?
- ¿Por qué me ofrecen regadoras que rocían mucho, pero no preguntan qué quiero hacer crecer?
- ¿Por qué hay tantas soluciones, pero tan pocas preguntas bien hechas?
- ¿Por qué las campañas hablan tanto de mí y me escuchan tan poco?
- ¿Por qué me enseñan a comprar, pero no a cuidar?

Así, con preguntas ingenuas pero enormes, comenzó este viaje.

Había oído decir —en uno de esos susurros que viajan con el viento entre asteroides— que las campañas publicitarias, los productos y hasta las palabras que llegaban a su pequeño planeta venían de otros mundos. Mundos donde vivía gente extraña, generalmente muy ocupada, que se dedicaba a crear anuncios, diseñar etiquetas, armar estrategias, vender productos y decidir qué debía desear el resto del universo. Asesores comerciales, publicistas, brand managers, directores de marketing, analistas, copywriters, community managers, responsables de comunicación...

Intrigado —porque el Principito siempre ha preferido entender a juzgar—, decidió emprender un nuevo viaje. Quería recorrer, uno a uno, esos planetas donde se orquestaban las estrategias de marketing. No para criticarlas, sino para comprender por qué hacían lo que hacían, por qué comunicaban como comunicaban y qué pasaba por dentro de quienes querían llamar la atención de tantos tan rápido. Quizá así, pensó, entendería un poco más este idioma moderno que parecía hablar de cosas, pero no siempre de personas: el marketing.

No hizo la maleta para el viaje, no la necesitaba porque no hay mochila que pese menos que la curiosidad. No se llevó ropa, ni provisiones, ni mapas, solamente una libreta para apuntar lo que quería recordar.

Tampoco se llevó certezas, porque entendió que un viajero de verdad parte mejor con preguntas.

Y mucho menos se llevó prisa. Porque había aprendido que para entender lo invisible, hay que detenerse.

Así que... ¿despegamos?

Apaga el teléfono móvil que vamos a empezar este viaje acompañando al Principito.

Anúdate la bufanda y agárrate fuerte, que vamos a perseguir lo invisible hasta que se vuelva obvio.

Vamos a visitar planetas, cuidar zorros, podar baobabs e intentar mirar con toda la verdad que nos permitan nuestros ojos, ya viciados por un mundo caduco, y nuestro corazón hambriento de emociones.

Porque, al final del viaje, lo que hará que tu marca perdure no será lo que diga, sino lo que haga sentir.

¿Lista? ¿Listo?

Empezamos aquí.

Donde las buenas historias comienzan: muy cerquita de lo invisible.

1

El Planeta del Rey:
El Marketing Autoritario

Había llegado el día. No era un día especial en el calendario de los adultos, pero sí lo era en el corazón del Principito. Algo dentro de él le decía que era hora de partir, que ya no bastaba con mirar las puestas de sol desde su pequeño planeta. Era tiempo de buscar, de entender, de sentir más allá de sus tres volcanes y su rosa orgullosa.

Así fue como, sin hacer mucho ruido, el Principito dejó atrás su asteroide B-612, con la bufanda al viento y el corazón lleno de preguntas. Emprendió su viaje con la firme convicción de que no sería una travesía técnica, sino emocional. No buscaba respuestas rápidas ni mapas exactos: lo que él anhelaba era encontrar la esencia.

Y así, guiado más por la intuición que por la lógica, se elevó suavemente entre las estrellas. Cruzó silencios y distancias, flotando como una idea ligera que aún no sabe en qué pensamiento habitar, hasta que, casi sin darse cuenta, aterrizó en el primer planeta de su viaje.

El marketing del cetro: mandar no es comunicar

En seguida, se dio cuenta que el cielo tenía un brillo áspero, dorado en exceso, que cegaba más de lo que iluminaba. El silencio era denso, solemne, como si todo el planeta esperara órdenes que nunca llegaban. Y allí lo recibió un trono vacío, dorado, casi excesivo. Brillaba más de la cuenta y era desproporcionadamente grande, como si intentara compensar algo. No tardó en vislumbrar al Rey que lo ocupaba: se presentó con aires de grandeza, una gran corona, la barbilla alta y la voz firme, como quien está acostumbrado a no ser interrumpido. Parecía alguien a quien uno debería obedecer sin dudarlo. O eso creía él.

Pero bastó poco tiempo para que el Principito se diera cuenta de un pequeño gran detalle que lo decía todo: el Rey estaba completamente solo. No había súbditos al este ni al oeste, ni a la vista ni fuera de plano. Nadie que escuchara sus órdenes, nadie que las siguiera… y lo que es peor, nadie que las necesitara. Mandaba al vacío. Gobernaba sobre la nada. Daba instrucciones no para ser comprendido, sino para sentirse importante. Ordenaba por costumbre, no por diálogo.

Y entonces el Principito lo entendió: de nada sirve tener voz si nadie desea escucharte. Las órdenes del Rey no eran actos de poder, sino de soledad. Palabras lanzadas al viento que no encontraban más respuesta que el eco de su propia voz.

Como sucede con ciertas marcas. Esas que todavía creen que comunicar es hablar más alto, y no escuchar mejor, justo las que confunden autoridad con arrogancia, mensaje con monólogo y notoriedad con influencia. Marcas que se colocan en un trono dorado —el de la omnipresencia, el de la campaña omnicanal—, pero que olvidan que un mensaje sin vínculo solo genera ruido. O peor, eco. Y el eco es peligroso, porque se parece mucho a una respuesta, pero no lo es: solo te devuelve lo que tú mismo dices, sin matices, sin preguntas, sin nadie al otro lado. Y cuando una marca se rodea solo de eco, corre el riesgo de creerse escuchada, cuando en realidad está sola. Porque como ya habrás intuido, mandar no es comunicar.

Cuando mandar se parece a perder

El Principito observa al Rey en silencio durante un buen rato. Le cuesta entender por qué alguien querría mandar sobre el viento o dar órdenes a una estrella. Pregunta, cuestiona. Pero el Rey no busca comprensión: necesita sentirse obedecido. Y ahí se enciende la primera gran alarma: cuando la autoridad se vuelve autocomplacencia, se vacía de sentido. Cuando solo se manda, sin escuchar, el poder se convierte en farsa.

Algunas marcas hacen lo mismo. Se suben a su trono, se rodean de sí mismas y creen que basta con hablar más alto para ser escuchadas. Redactan mensajes desde el «deberías» en lugar del «¿qué necesitas?». Impulsan eslóganes como si fueran decretos. Asumen que el consumidor está para acatar, no para dialogar. Y en ese proceso, construyen distancia en lugar de conexión. Creen que la notoriedad basta, pero notoriedad sin escucha es solo ruido que puede confundirse con la influencia, aunque esté a años luz de serlo. Es fácil confundir visibilidad con relevancia cuando llevas mucho tiempo hablando solo.

Yahoo! fue una de esas marcas que lo tenía todo, que llegó a reinar en su territorio y no supo escuchar a su público. Durante años, fue la puerta de entrada a Internet: buscador, correo, noticias, entretenimiento. Estaba asentada en un trono digital desde el cual parecía imposible caer. Pero precisamente ahí comenzó el problema. En lugar de enfocarse, diversificó sin rumbo. Compró servicios, lanzó productos, acumuló portales y funciones como quien junta coronas sin pueblo. Su estrategia se volvió un laberinto de decisiones descoordinadas, como si bastara con estar en todas partes para seguir siendo relevante.

Mientras Google apostaba por la simplicidad y la experiencia, Yahoo! se convirtió en un castillo lleno de habitaciones vacías, saturado de contenido, pero sin dirección clara. Invirtió millones en adquisiciones como Tumblr sin saber cómo integrarlas. Y cuando los usuarios empezaron a buscar personalización, fluidez y propósito... Yahoo! seguía hablándoles con voz de emperador antiguo, sin ajustar el tono ni el mensaje, el paradigma del marketing del Rey.

En su reinado, Yahoo! no tomó solamente una sola mala decisión, fue la suma de muchas pequeñas arrogancias: no prestar atención al cambio en los hábitos del usuario, no simplificar, no preguntar, no escuchar... Se creyó imprescindible y se comportó como tal. Pero en el universo digital, el poder sin adaptación dura lo que tarda en cargarse una nueva pestaña. Al final, Yahoo! no cayó por falta de recursos, cayó porque confundió presencia con conexión, y volumen con valor.

MySpace es otro caso paradigmático de marketing del cetro. Dominaba el universo de las redes sociales, de hecho, llegó a ser la red social más poderosa del planeta, puesto que mucho antes de que Facebook fuera omnipresente, MySpace dominaba la conversación digital. Era un espacio donde millones de personas creaban sus perfiles, elegían su canción de fondo, personalizaban su estética con HTML, y se sentían, por fin, protagonistas. Tenía comunidad, tráfico, atención... En definitiva, tenía el poder que todo rey necesita. Pero como tantos reyes, se enamoró de su corona y creyó que ese poder era inagotable: supuso que el control sobre la plataforma y su lógica bastaban para que los usuarios se adaptaran sin rechistar. Mientras el mundo digital evolucionaba hacia entornos más limpios, intuitivos y sociales, MySpace insistía en un modelo caótico, desordenado y autocomplaciente. No supo evolucionar su producto ni su mensaje. Permitía personalización, sí, pero sin guía, sin propósito, sin escucha.

Mientras tanto, Facebook llegó con una propuesta simple: claridad visual, conexión real entre personas, reglas claras. Escuchaba primero y construía después. MySpace, en cambio, seguía gritando desde su trono de código desordenado, convencido de que su tamaño era sinónimo de amor. Y no lo era.

Su error no fue técnico. Fue emocional. Confundió protagonismo con relevancia. Y cuando una red deja de preguntarse qué necesita su comunidad, deja también de merecerla. La gente empezó a irse. Primero unos pocos, luego todos. El rey seguía hablando, pero ya nadie lo escuchaba. Y su planeta quedó vacío como el planeta que visitó nuestro Principito.

Y al hablar de reyes, no podemos olvidarnos de Ryanair, que no cayó por irrelevancia, sino por su modelo de imposición sin empatía. Un rey mandando cada vez más. Durante años, la marca adoptó una postura autoritaria: tarifas opacas, penalizaciones desproporcionadas, reglas estrictas que parecían diseñadas más para castigar que para servir. El cliente debía adaptarse al sistema, no al revés. Su comunicación era provocadora, incluso beligerante, como si la única forma de ganar fuera haciendo sentir al pasajero pequeño. ¿Funcionó? Sí, en números. Pero el precio fue su reputación. Durante mucho tiempo, Ryanair no vendía vuelos baratos, vendía una experiencia en la que «volar» era sinónimo de resignarse. Solo en los últimos años, ante la presión social y la competencia, ha empezado a matizar su voz, a bajarse del trono, aunque la reminiscencia de su pasado autoritario aún resuena en cada queja.

Si tuviéramos que hacer un diagnóstico de estas marcas, diríamos que sufren un caso claro de síndrome del Rey: cuando la marca cree que el consumidor existe para servirle, en lugar de al revés. Ese marketing autoritario, de orden y mando, se sostiene sobre la lógica obsoleta del poder unilateral: la marca como emisor todopoderoso, el consumidor como receptor pasivo. Pero los consumidores ya no son súbditos: tienen voz, opciones y criterio. Y cuando una marca se comporta como el rey, es solo cuestión de tiempo que se quede sola en su trono.

La dictadura del mensaje unidireccional ha muerto. El marketing de hoy se teje en dos sentidos, es un puente que conecta ambos extremos y por el que ambas partes deben caminar: tanto las marcas como la audiencia.

Mandar no es lo mismo que conectar. Una orden puede desencadenar una acción, pero solo una emoción genuina construye una relación. Y aquí hay una verdad tan simple como poderosa: el respeto no se impone, se cultiva. Y las marcas que lo olvidan, también olvidan a su audiencia y se convierten en reyes con gran corona, pero sin nadie que los siga.

Los manuales que leyó el Rey

El Rey había leído mucho. Algunos dirían que incluso demasiado, aunque no seré yo quien ose afirmar que se puede leer de más. Lo que sí diré es que leía tanto, y con tan poco espíritu crítico, que no digería bien lo leído. Estaba, digámoslo claro, un poco empachado de teoría. Era de esos que confunden subrayar con comprender.

Su biblioteca era imponente: tomos gruesos, lomos dorados, gráficos solemnes. Los tenía alineados y clasificados con precisión casi militar. Los conocía de memoria, aunque rara vez los cuestionaba.

Su joya real era el modelo AIDA. Lo pronunciaba con reverencia: «atención, interés, deseo, acción». Le gustaba tanto que mandó bordar sus siglas en la alfombra que rodeaba el trono.

—Primero —decía— hay que captar la atención: banderas, desfiles, el himno del reino. ¡Que todos miren!

»Después, despertar interés —añadía—: Una promesa, un poco de misterio, una palabra en inglés.

»Luego, deseo: haz que lo quieran. Cuenta atrás, edición limitada, miedo a quedarse fuera.

»Y, por último, ¡acción!: "Cómpralo ya", "Paga ya". Nada de invitar: hay que ordenar la compra.

En una ocasión, para vender sus nuevas medallas de obediencia, usó su AIDA como si fuera un arma real: pancartas con su rostro para llamar la atención; frases con cifras rotundas —«El 87 % ya la tiene»— para despertar interés; imágenes glorificadas de súbditos recibiendo su medalla entre aplausos y reverencias para generar deseo; y, para rematar la acción, heraldos en cada esquina animando a comprarla ya. Y con toda esa pompa —y cero escucha— se convenció de que su campaña había sido un éxito.

Lo que no comprendía es que AIDA puede impulsar una compra, incluso dos, pero difícilmente genera conexión. Y en manos de un rey puede convertirse en autopromoción, imposición, dogma, acatamiento.

El Principito tenía clarísimo que el problema no era el modelo, sino cómo se usaba. Porque AIDA, despojado de su cetro y acompañado de empatía, aún podía servir. Pero eso ya era otro planeta.

Otro de sus métodos favoritos era su «estrategia infalible de conquista comercial»: la *push strategy* o estrategia de empuje. Promocionar el producto en todos los canales posibles. Gritar, aparecer en todas partes, presionar hasta que alguien comprara por cansancio. Pero el Rey, como buen absolutista del marketing de cetro, lo interpretaba de forma demasiado literal.

Para lanzar sus nuevos auriculares reales, gritaba desde todas las torres: «¡Obedece mejor con sonido envolvente!». Los repartía en la plaza sin que nadie los pidiera y exigía que todos los usaran, incluso para dormir. Si alguien preguntaba si eran cómodos, respondía: «¿Desde cuándo eso importa si son oficiales?».

Pero como observaba el Principito, empujar sin escuchar genera resistencia. Y si alguien compra, es por resignación, no por deseo. Y eso jamás genera amor.

También adoraba lo que los sabios llamaban «Above the Line», o publicidad ATL (por sus siglas en inglés), que, como su nombre indica, es una publicidad por encima de la línea, como a él le gustaba: sin interrupciones, sin tener que bajar la mirada. Y consistía precisamente en anunciarse en televisión, en radio, en vallas inmensas, en los periódicos del reino... Básicamente, en cualquier lugar desde el que hablar sin ser interrumpido.

Para vender su «reloj de obediencia», organizó a trompetistas que tocaban cada hora, colgó banderolas de ciento cincuenta metros con su cara y el eslogan: «La obediencia no descansa. Ponte en hora con el Rey». Lo anunció en los prime time de todos los medios del universo. El mismo anuncio, repetido hasta el hartazgo. No preguntaba si alguien lo necesitaba: simplemente lo decretaba.

El Principito, con los ojos muy abiertos, entendía que el Rey solo quería ser escuchado. Pero también intuía que nadie escucha de verdad si solo le hablas desde arriba. A veces, estar en todas partes no es tan valioso como estar de verdad en algún lugar.

Entre los libros más subrayados del Rey había uno sobre los principios de persuasión de Cialdini. Aunque nunca recordaba su apellido, recitaba sus siete principios como un hechizo: reciprocidad, escasez, autoridad, coherencia, simpatía, prueba social, unidad.

«¡Con estos mueves multitudes!», decía. Pero no los usaba para conectar, sino para controlar. La reciprocidad, por ejemplo, la entendía como «regala algo, pero que sientan que te deben más». La escasez, como «mete prisa, aunque tengas stock para un lustro». Y la autoridad... bueno, eso no necesitaba explicación: su corona ya hacía todo el trabajo.

Si alguien dudaba en comprar su nuevo bastón de mando *bluetooth*, el Rey desplegaría sus siete principios como armas ceremoniales: «Quedan solo tres bastones» (escasez); «Todo el consejo real ya lo tiene» (prueba social); «El mío es edición imperial» (autoridad); «Te lo doy gratis si me juras lealtad» (reciprocidad). Y si después de todo eso aún dudabas..., «bueno, entonces no mereces tener uno» (unidad excluyente).

Y el Principito, con su lógica de niño serio y su letra pequeña y delicada, anotó algo en su cuaderno:

«Persuadir, bien entendido, no es empujar a alguien a decidir. Es acompañarlo hasta que lo decida por sí mismo.»

Coronas personales: cuando la marca soy yo

El Principito se dio cuenta de que no solo las grandes marcas podían comportarse como reyes absolutistas. A veces, quienes intentan construir su marca personal también se suben a un trono invisible: personas que comunican solo para imponer una idea, que hablan siempre desde arriba, como si fueran expertos sin duda posible, sin un ápice de humildad ni de humanidad.

En el mundo del branding personal, el marketing autoritario se disfraza de frases lapidarias, de *posts* que dan lecciones sin preguntas, de discursos que buscan obediencia —*likes*, seguidores, aplausos—, pero rara vez dejan espacio para una conversación real.

En este planeta, el Principito conoció —o más bien imaginó— al Señor de las Sentencias, una figura muy común en ciertas redes: experto en todo, infalible en sus argumentos, generoso en consejos..., pero solo en una dirección. Cada *post* suyo parecía una ley grabada en mármol. Nadie le preguntaba nada, pero él lo explicaba todo. Nadie lo cuestionaba, pero él prevenía toda duda con frases sin matices:

«Si no haces esto, estás condenado al fracaso.»
«Solo los mediocres no entienden esto.»
«El éxito se alcanza así, y punto.»

No gritaba como un tirano, pero su tono llevaba la misma fuerza: la de quien no deja espacio para la diferencia. Su marca personal era un púlpito. Él no compartía, proclamaba.

Y entonces el Principito entendió algo importante: el branding personal también puede confundirse con poder. Hay personas que no buscan ser referentes, sino dueños de una narrativa que, en lugar de empezar conversaciones, buscan discípulos. Y eso, con el tiempo, agota.

Porque construir una marca personal no es dictar desde el trono con la corona puesta, es salir a la calle, caminar entre la gente, contar tu historia con la humildad de quien aún está aprendiendo. El verdadero liderazgo no impone: escucha, propone, duda, se transforma.

Y justo cuando pensaba que todos los caminos de la marca personal llevaban al trono, el Principito empezó a ver otras señales. Más suaves. Más humanas. Y descubrió otras coronas, no de oro, sino de coherencia; no para mandar, sino para inspirar.

Descubrió, por ejemplo, a quienes no se coronaban a sí mismos, sino que simplemente caminaban. Personas que no hablaban desde un pedestal, sino desde la experiencia vivida.

El Principito pensó en Pau Donés, que eligió reinar sin corona ni trono. Cantante de Jarabe de Palo, convivió durante años con el cáncer y decidió contarlo sin adornos, con una serenidad que desarmaba. No intentaba dar lecciones ni disfrazarse de maestro. Simplemente compartía lo que estaba viviendo, con la misma naturalidad con la que había cantado al amor o a la vida cotidiana. Su autoridad no venía de imponer ni de sentenciar, sino de mostrar vulnerabilidad en estado puro. Y en esa verdad desnuda estaba su grandeza: un liderazgo que no se decreta, que se gana con honestidad.

E incluso en territorios tan exigentes como el deporte, el Principito descubrió a figuras como Álex Roca, atleta con parálisis cerebral que ha completado maratones y pruebas de resistencia que muchos considerarían imposibles. Su cuerpo tiene más del 70 % de movilidad reducida, pero su voluntad no conoce barreras. Cada meta que cruza es una corona invisible: no de superioridad con respecto a otros, sino de superación personal. Y cuando cuenta su historia en charlas y entrevistas, no ordena ni dicta cómo deben ser los demás. Solo muestra, con hechos, que los límites más duros son los que uno se impone. Por eso su ejemplo no se impone como el cetro del Rey, se comparte como un faro que ilumina.

Entonces el Principito comprendió que no todos los que construyen una marca personal quieren imponer. Algunos simplemente desean compartir. Hay quienes no se maquillan de infalibles ni buscan el aplauso como única medida de éxito. Solo están ahí, con presencia real. Y eso también deja huella.

Porque los seguidores que llegan por el mandato de un rey se van cuando cae el cetro. Solo se quedan los que llegan por resonancia, por afinidad, por verdad.

Y entonces una certeza suave se instaló en el corazón del Principito:

«Una marca personal no es un trono al que subirse, sino un lugar desde el que mirar a los demás a los ojos. Con la corona bien guardada y el alma bien despierta.»

Instrucciones para no ser un tirano

Después de comprobar que el marketing de cetro no surtía demasiado efecto en aquel planeta solitario, y que ni la omnipresencia ni los decibelios habían conseguido mover a un solo consumidor (porque, de hecho, no había ninguno), el Principito aceptó la invitación del Rey para tomar el té con pastas reales y acudió puntual a la cita después de haberse lustrado las botas. Lo había recibido con autoridad, pero a esas alturas él ya había alcanzado a comprender que era el único modo en que el Rey sabía hablar.

La merienda, como todo en el palacio, era abundante pero silenciosa. El Rey sorbía con dignidad y cada vez que se llevaba la taza a los labios, levantaba el meñique con precisión, como si incluso sus dedos tuvieran protocolo. El Principito, con su delicadeza habitual, aprovechó el momento para hacer una sugerencia. No en tono de corrección, sino con esa mezcla de inocencia y lucidez que solo él maneja.

—Majestad... si alguna vez tiene curiosidad, podría leer otros libros de marketing que van más allá del marketing del cetro. No de los que enseñan a hablar más fuerte, sino de los que ayudan a escuchar mejor. Le habló de uno de un tal Grönroos, que hablaba de relaciones en lugar de gritos. Le explicó que el susodicho decía que vender no basta, que hay que crear vínculos, experiencias que duren más que una campaña. Que una venta puede ser un instante, pero una relación es una historia; una en la que el consumidor no es solo el final de una transacción, sino el principio de un compromiso.

Cuando el Principito vio que el Rey dejaba cuidadosamente sobre el plato de porcelana el pastelito que tenía entre los dedos —sin una sola miga fuera de lugar, por supuesto— y sacaba su pluma de oro para anotar el nombre del autor, sonrió por dentro. No era una sonrisa de victoria, sino de esperanza. Porque en ese pequeño gesto se confirmaba algo que él ya intuía: que incluso los reyes, cuando bajan un poco la voz, pueden empezar a aprender. Y eso le dio ánimo para seguir hablando.

Entonces, continuó hablando de otro libro, escrito por dos sabios con nombres un poco difíciles de pronunciar —Prahalad y Ramaswamy—, que en su modelo de creación conjunta de valor decían algo muy sencillo pero muy verdadero: las cosas importantes no se construyen para los demás, sino con ellos. El Principito buscó en sus bolsillos, o quizá en algún rincón improbable de su abrigo, y sacó un ejemplar arrugado de *El futuro de la competencia: creación conjunta de valor único con los consumidores*. Se lo mostró con delicadeza al Rey, señalando un párrafo subrayado con lápiz:

—Mire, Majestad... —dijo en voz baja—, esto dice que el consumidor no es un recipiente en el que volcar su genialidad, sino un compañero con quien construir algo que tenga sentido para los dos.

El Rey frunció levemente el ceño. No estaba seguro de entender bien la palabra «compañero», pero la dejó flotar en el aire mientras asentía con dignidad.

El Principito, con el libro aún abierto sobre las rodillas, miró al Rey con esa mezcla suya de respeto y ternura, y le ofreció un ejemplo. No uno grandilocuente, sino de esos que caben en una servilleta:

—Imagine, Majestad, que quiere vender farolillos. No los típicos de decoración, sino unos muy especiales: farolillos que ayudan a ver las cosas claras cuando uno está confuso.

—Interesante —dijo el Rey, enderezando la corona.

—En lugar de hacer un anuncio que diga: «¡Compra ya el farolillo real que te hará ver la luz!» —continuó el Principito—, podría empezar preguntando: «¿Qué es eso que no te deja dormir bien últimamente?». Y quizá alguien responda que no sabe hacia dónde va, o que no entiende a su rosa, o que se siente apagado por dentro.

El Rey lo miraba, un poco desconcertado.

—Y ahí es donde no se vende, sino que se conversa. No se impone, se acompaña. Usted podría invitar a quienes se sienten así a compartir su historia, a pensar juntos qué luz necesitan. Y entonces, Majestad, no estaría vendiendo farolillos, sino creando una comunidad de personas que aprenden a iluminarse entre ellas.

—¿Y el beneficio? —preguntó el Rey, con voz de rey.

—El beneficio, Majestad —respondió el Principito, sonriendo—, es que nadie quiere dejar una marca que lo ayudó a entenderse mejor. Esa fidelidad no se compra, se construye. Eso es lo que decía Grönroos cuando hablaba de relaciones. Y lo que enseñaban Prahalad y Ramaswamy:

que el valor más fuerte es el que se crea con otros, no para otros.

El Rey no dijo nada, pero anotó: «Farolillos con alma». Y eso, viniendo de él, ya era mucho.

Cuando el Rey acompañó al Principito a la puerta del palacio —una puerta inmensa, de bisagras pesadas y mármol perfectamente pulido—, ya no parecía el mismo. No porque hubiera perdido la corona o la pose, sino porque algo en su gesto había cambiado: no dio ninguna orden, no se despidió con protocolo, no pidió que se le rindiera pleitesía. Solo se quedó allí, esperando una respuesta, en vez de dictarla. Y ese pequeño silencio fue más elocuente que cualquier discurso.

—¿Y un último consejo...? —dijo, casi en un susurro, como si las palabras pesaran un poco menos que al principio.

El Principito asintió, sin solemnidad. Se detuvo un segundo, antes de cruzar el umbral, y le habló con naturalidad de alguien que no escribía de marketing, pero sí de personas.

—Un psicólogo terrestre llamado Maslow —dijo—. Él dibujó una pirámide de la jerarquía de las necesidades humanas, que empieza por lo básico en el peldaño de abajo (comida, abrigo, seguridad...) y, conforme avanza, pasa por otras necesidades, como las de seguridad y protección, las sociales... Y en la punta, Majestad, no hay tronos, hay autorrealización.

El Rey ladeó la cabeza.

—Eso significa que lo que más deseamos no es acumular cosas —explicó el Principito—, sino convertirnos en quienes estamos llamados a ser. Las marcas que entienden eso no venden productos. Venden la posibilidad de ser lo que realmente queremos. Por ejemplo, Nike no vende unas zapatillas para correr más rápido o llegar más lejos. Vende la confianza que necesitas para dar el primer paso cuando todo en ti duda, y el valor de levantarte cuando ya no puedes más, de desafiar al miedo, aunque no tengas público, y de creer que dentro de ti hay más luz de la que imaginas. Cada campaña, cada producto, cada gesto suyo te recuerda que el verdadero viaje no está en la meta, sino en quién te conviertes cuando la persigues.

El Rey no contestó. Pero tampoco interrumpió. Solo siguió mirando al Principito mientras este se alejaba, bufanda al viento y con paso liviano. Y cuando ya casi desaparecía entre las colinas, el Rey —el mismo que antes solo sabía mandar— levantó la mano y preguntó en voz baja:

—Y si yo quisiera aprender…, ¿por dónde empiezo?

El Principito no se giró. Pero sonrió. Porque sabía que cuando un Rey deja de imponer y empieza a preguntar, algo verdaderamente importante está comenzando.

Reyes que se quitaron la corona

Igual que nuestro Rey —tras mucho insistir en ser obedecido— empezó a preguntarse si no habría otra manera de ser escuchado, también hay marcas que un día hablaron desde lo alto y terminaron por bajarse del trono, para fortuna de ellas y sus clientes. Y ahora, todo apunta a que están felices de haber dado el paso.

No lo hicieron de golpe, claro. Roma no se construyó en un día y ningún imperio se desmantela en una tarde. Pero en algún momento, igual que el Rey al conversar con el Principito, empezaron a sospechar que mandar no basta y que gritar más fuerte no es sinónimo de comunicar mejor; que los súbditos, cuando pueden elegir, prefieren compañías que les hablen de tú.

Netflix, por ejemplo, es una de las marcas que supo bajarse del púlpito para acercarse más al sofá desde el que interactúa con su público. Al principio, su propuesta parecía venir de una única dirección: elegía el contenido, lo agrupaba por temporadas, lo lanzaba en bloque y daba por hecho que todos querríamos ver lo mismo. Su poder era el catálogo, y su lógica, la de la abundancia: si hay mucho, seguro que algo querrás. Pero con el tiempo entendió que el poder ya no está en controlar el mensaje, sino en ofrecer una experiencia personalizada. Y ahí empezó la transformación: el algoritmo dejó de ser una herramienta fría para convertirse en un amigo que te conoce y te propone contenidos según tus hábitos, tus gustos y tus ritmos, y, en base a sus propuestas, tú eliges qué ver, cuándo y cómo. Hoy, Netflix no actúa como programador de televisión, sino como un anfitrión que te dice: «Adelante, esto lo has elegido tú». De marca emisora (y mandona) pasó a marca compañera. Y en esa cesión de control, ganó cercanía.

Spotify, por su parte, nació con alma de ingeniera real. Parecía una plataforma pensada para ordenar el caos musical a golpe de listas, rankings y estadísticas. Su propuesta era útil, sí, pero le faltaba precisamente lo que la música necesita: latido. La música no se puede analizar, se debe sentir, y, por ende, una plataforma que te conecta con la música debe vibrar como tú lo haces con ella. Y cuando comprendieron eso, cambiaron el rumbo. Por ejemplo, incorporaron el «Descubrimiento semanal», que más que una funcionalidad, es una declaración de escucha activa, una muestra de que te conocen y que saben qué es lo que necesitas y lo que te va a gustar. Y en este pequeño gesto —casi invisible pero profundamente humano— dejaron de gobernar y pasaron a ser cómplices de nuestras emociones.

McDonald's, por increíble que parezca, también dio un giro importante. Durante décadas fue el ejemplo máximo de la homogeneización global: qué importaba si estabas en Tokio, Montreal o El Cairo, sabías exactamente qué pedir y cómo sabría, porque la carta era una y no más. Es decir, la marca dictaba menús, pero no escuchaba costumbres, comportándose como un emperador de la comida rápida, convencido de que todos comíamos igual. Pero, con el tiempo, empezaron a abrirse a lo local, a las diferencias y las sensibilidades culturales: incorporaron productos únicos según la región, opciones vegetarianas, campañas en un tono más cercano y restaurantes más acogedores que te invitan a quedarte un rato más allá del estándar de «comida rápida». Dejaron de dictar para empezar a preguntar, y en ese proceso nos apeteció más a todos comer con ellos.

Estas marcas y muchas otras han dejado el trono a un lado. No por modestia, sino por lucidez. Porque, aunque saben de sobra cómo se lleva la corona, han entendido que no hay nada más poderoso que mirar a los ojos y decir: «No estoy por encima de ti; estoy contigo».

Y eso, incluso para un rey, es un acto de sabiduría.

Reflexión del Principito: «Del cetro al corazón»

El mundo ha cambiado y, como no podía ser de otro modo, el marketing se ha transformado con él: donde antes bastaba con levantar la voz, hoy hace falta bajar el tono y trabajar para construir comunidades con las que poder dialogar. Ya no es tiempo de órdenes, es tiempo de escucha. El Principito lo vio claro al abandonar el planeta del Rey: el marketing autoritario está en vías de extinción. Quizá puede funcionar a corto plazo, pero raramente deja huella, porque la imposición genera obediencia, pero no lealtad, y hoy en día el consumidor busca formar parte, pero huye de ser súbdito de nadie. Por este motivo, las marcas que entienden esto no construyen audiencias, sino comunidades.

El Principito, antes de irse, le dejó su última reflexión al Rey, con esa calma suya que desarma más que cualquier argumento:

—Un verdadero líder no impone desde arriba lo que no está dispuesto a construir desde abajo.

Y en ese instante, siglos de marketing basado en jerarquías y eslóganes disfrazados de decretos temblaron un poco, porque las marcas ya no están para dictar, están para conectar.

«Lo esencial es invisible a los ojos», se repetía sin cesar el Principito. Y, cómo no, lo recordó mientras se alejaba de aquel trono dorado, ahora un poco menos rígido. Lo esencial no está en el volumen del mensaje ni en la omnipresencia del logo, está en la confianza que se gana, el respeto que se ofrece y el vínculo que no se impone, pero se construye.

Y esa es la gran lección del primer planeta: si tienes que mandar para que te sigan, tal vez no estés inspirando lo suficiente. Hay que dejar el cetro y aprender a mirar con los ojos del corazón.

Y en el último renglón de la primera hoja de su cuaderno, el Principito escribió algo que ojalá el Rey recordara algún día:

«*Una marca no necesita un trono para ser importante. Le basta con ser querida*».

Y, tras soplar suavemente sobre la página para que se secara la tinta, cerró su cuaderno y siguió su viaje. Porque aún quedaban muchos planetas por visitar, y muchas preguntas por hacerse.

2

El Planeta del Vanidoso: El Marketing de la Apariencia

Mientras el Principito se alejaba del planeta del Rey —aquel donde las órdenes rebotaban como ecos sin destino—, una nueva pregunta comenzó a nacerle en el pecho: «¿Y si no se trataba de mandar, sino de gustar?».

Con ese nuevo interrogante, y una pequeña mueca de intriga en los labios, reanudó su viaje. Ya no buscaba entender por qué las marcas mandaban. Esta vez quería entender por qué algunas solo parecían querer gustar.

Se despidió con un gesto suave, recogió su bufanda y llamó en silencio a su pequeña bandada de pájaros migratorios. Ellos acudieron, como siempre, sin hacer preguntas.

Y así, sostenido por alas prestadas y pensamientos nuevos, el Principito alzó el vuelo. Y entonces aterrizó en el segundo planeta.

El marketing del espejo: gustar no es conectar

Este planeta era muy distinto al anterior. No había tronos ni cetros, pero todo brillaba, incluso demasiado. Las superficies estaban pulidas hasta el exceso, como si el planeta entero fuera un escaparate. Había luces estratégicamente colocadas para que todo luciera más perfecto de lo que era, espejos curvados para afinar el reflejo y pantallas gigantes que no paraban de emitir titulares autorreferenciales: «El número uno», «El más premiado» o «Seguidores fieles en 190 galaxias».

Columnas de mármol brillante sostenían frases motivacionales sobre el éxito, la superioridad y el impacto. Las flores estaban hechas de plástico reluciente y los árboles eran hologramas que proyectaban *likes* cuando alguien los miraba con atención. Incluso las nubes parecían *photoshopeadas*.

Allí vivía el Vanidoso. Mantenía una pose cuidadosamente estudiada y una sonrisa de anuncio, con carillas perfectas de un blanco nuclear. Caminaba con paso elegante, siempre de perfil favorable, con una capa que ondeaba a cámara lenta y un dron que lo seguía, grabándole desde su mejor ángulo.

Cada vez que veía al Principito, se detenía un instante, alzaba una ceja perfectamente depilada y decía:

—Aplaude, por favor.

—¿Aplaudir qué? —preguntaba el Principito, genuinamente confundido.

—Aplaude que estoy aquí. Aplaude mi presencia, mi logo, mi identidad de marca. Aplaude lo que represento.

El Principito no comprendía del todo, pero pronto empezó a notar un patrón: el Vanidoso no hablaba con él, hablaba de sí mismo. De su número de seguidores interestelares, de su engagement divino, de sus colaboraciones galácticas. Tenía una especie de alergia a la humildad y una hipersensibilidad al aplauso, y solo se sentía vivo cuando alguien le decía lo increíble que era.

Todo este alarde de ego abrumó un poco al Principito, que buscó un banco para sentarse a descansar un rato, pero no lo encontró, ya que en su lugar solo había podios a los que subirse, desde los que seguir coleccionando *likes*. Y fue entonces cuando comprendió que había aterrizado en el planeta del marketing del espejo. Ese donde el objetivo no es conectar, sino impresionar; donde la estrategia no es preguntar qué necesita el otro, sino cómo hacer que se nos aplauda más.

El Vanidoso tenía un perfil en todas las redes sociales galácticas, pero no sabía tener una conversación sin convertirla en un monólogo. Se sentía amado cuando acumulaba corazones digitales, pero no recordaba la última vez que alguien le había preguntado cómo estaba de verdad.

Y el Principito, con esa mirada suya que va más allá de la superficie, escribió en su cuaderno:

«*Gustar es fácil, lo difícil es conectar, y lo esencial, como siempre, es invisible a los ojos.*»

Y al igual que el Vanidoso, también hay marcas que viven en este mismo planeta sin saberlo. Marcas que se comportan como él: obsesionadas con gustar, con aparentar, con coleccionar *likes* y premios. Marcas que confunden visibilidad con relevancia, notoriedad con afecto, viralidad con amor. Y en esa confusión, terminan hablando cada vez más de sí mismas y cada vez menos con las personas que supuestamente quieren alcanzar. Marcas que llenan sus redes con selfis, métricas, *claims* egocéntricos y frases grandilocuentes. Dicen: «Somos líderes», «Somos los mejores», «Somos diferentes»..., pero no preguntan jamás qué hace diferente a quien las elige.

Y es que, como descubrió el Principito mientras recorría ese planeta deslumbrante pero hueco, gustar no es conectar. Porque uno puede recibir muchos aplausos y aun así estar solo. Y eso, incluso para una marca, es un espejo que debería hacer pensar.

Cuando gustar se parece a desaparecer

El Vanidoso no interrumpía al Principito, pero tampoco lo escuchaba. Hacía como que sí —asintiendo con una sonrisa congelada—, pero en realidad solo esperaba su turno para volver a hablar. En su planeta, escuchar no era un acto de atención, sino una pausa estratégica entre dos momentos de protagonismo.

Y cuando por fin recuperaba la palabra, lo hacía con entusiasmo renovado, como si cada intervención fuera una nueva ocasión para brillar. Se sacaba cifras de la manga como conejos de un sombrero, convencido de que cada dato hablaba de su grandeza:

—Somos la marca más recordada en nuestra categoría —dijo, con voz de locutor galáctico—. Tenemos la identidad visual más disruptiva, según cinco premios que yo mismo patrocino. Nuestra última campaña fue tendencia interplanetaria durante tres semanas consecutivas. No lo decía con arrogancia, sino con esa urgencia dulce del que necesita ser admirado para sentirse real. Pero cada vez que hablaba, el Principito notaba que algo importante faltaba: nunca preguntaba nada. Tampoco hablaba de lo que pensaba él, ni de qué sentía, ni de por qué había llegado allí. Aquello no era una conversación y aquel no era un planeta de comunicación, era únicamente un escenario.

Y aunque no alzaba la voz como el Rey, lo que decía sonaba igual de unilateral. Pero aquí no mandaba. Aquí seducía. Y ahí estaba el problema: confundía visibilidad con vínculo y pensaba que solo con seducir ya era suficiente.

Porque cuando una marca solo busca ser admirada, pierde la capacidad de ser elegida con el corazón. El Vanidoso no era malo, solo estaba perdido en su reflejo, y no se daba cuenta de que nadie quiere tener una relación con un espejo.

Muchas marcas viven así. Viven para la estética, para el aplauso, para la validación externa. Se disfrazan de cercanas, pero solo buscan aprobación. Piden amor, pero no ofrecen escucha.

Y ese afán de gustar, irónicamente, puede llevarlas a no importar de verdad a nadie.

Instagram, por ejemplo, fue durante años uno de los templos favoritos del Vanidoso. Promovió una cultura del *like* como termómetro del valor personal: vidas perfectas, cuerpos normativos y filtros para absolutamente todo. Gustar se volvió obsesión y las fotos dejaron de ser ventanas a lo cotidiano para convertirse en vitrinas de la perfección. Cada publicación debía ser digna de aplauso y cada historia, una cápsula de éxito. Y eso, claro, funcionó... hasta que dejó de hacerlo. Los usuarios empezaron a hablar de ansiedad, de comparación constante y de presión estética, y eso empezó a doler. Por eso, dio un giro necesario: ocultar los *likes*, destacar contenido más real y fomentar formatos espontáneos como los *reels* sin pulir, porque entendió que gustar no basta si la experiencia desgasta. Ser espejo de inseguridades no es lo mismo que ser plataforma de expresión.

Algo parecido le ocurrió a Abercrombie & Fitch, que fue durante años el arquetipo del marketing del espejo. Sus tiendas eran pasarelas; sus empleados, modelos; sus campañas, un elogio a la exclusividad estética. El mensaje era claro: «Solo los bellos encajan aquí». Funcionó, y de qué manera... hasta que dejó de hacerlo. Cuando el mundo empezó a pedir representación, diversidad, autenticidad, la marca siguió mirando su reflejo. Y ese reflejo, de tan repetido, empezó a parecer vacío. Mientras otras marcas abrazaban la diferencia, Abercrombie insistía en su ego visual. Y desapareció del corazón de la gente. Porque si gustas, pero no representas, terminas por no significar.

Incluso Apple, que durante un tiempo hablaba desde lo alto —con un tono casi divino, dirigido a elegidos creativos—, entendió que ya no bastaba con que el diseño gustara: debía emocionar. Su giro hacia campañas que celebran lo que *tú* creas con sus productos («Shot on iPhone») no es solo una estrategia, es una cesión de protagonismo. Evolucionaron hacia el marketing del espejo compartido: «Mira lo que puedes hacer tú», en lugar de «Mira lo increíble que soy yo».

El Principito no decía mucho, pero observaba con la atención de quien escucha de verdad. Y cuando finalmente se alejó del Vanidoso, escribió solo una línea, con letra elegante y pequeña, en su cuaderno:

«Una marca admirada puede llenar escaparates. Pero solamente una marca querida llena memorias.»

Y así entendió que, en marketing —como en la vida—, gustar no es conectar, y que un corazón no se conquista con focos, sino con presencia real.

Los libros que subrayó el Vanidoso

El Vanidoso no tenía una gran biblioteca como el Rey. No le interesaban los tomos gruesos, pero en su mesilla se amontonaban libros con títulos que parecían diseñados para un *post* viral: *Cómo ser la marca más deseada*, *Top of Mind en 21 días*, *El arte de destacar* o *Impacto o muerte*. Los subrayaba con rotulador fosforescente y le fascinaban las frases impactantes: «Diferénciate o muere», «Sé inolvidable» o la tan desgastada «Que hablen de ti aunque sea mal».

No leía para aprender, leía para reforzar la idea que ya tenía, que lo importante no es lo que eres, sino cómo luces.

Su teoría preferida era la del posicionamiento, pero no la comprendía del todo. Le gustaba porque hablaba de «ser el primero en la mente del consumidor». Y él quería eso. Estar en la mente. Aunque no supiera muy bien para qué.

—No importa lo que vendes —decía—, importa que te recuerden.

Y el Principito pensaba: «Pero ¿recordarte cómo? ¿Por qué? ¿Con qué emoción?».

La teoría del posicionamiento —creada por Al Ries y Jack Trout— dice que, en un mercado saturado, no basta con gritar más fuerte: hay que ocupar un lugar claro y relevante en la mente del consumidor. No se trata solo de ser diferente, sino de serlo en algo importante para tu audiencia. Idealmente, uno se posiciona desde una verdad, un atributo que tiene sentido para el consumidor. Lo ha logrado Volvo, al que asociamos con seguridad; o Red Bull, que vinculamos con energía extrema.

Pero el Vanidoso, claro, entendía solo la mitad: «Hay que ser el primero en la mente», repetía. Aunque no supiera por qué, ni cómo, ni con qué propósito emocional. De hecho, en una ocasión quiso vender una bicicleta galáctica de paseo. Pero en lugar de pensar en lo que sus usuarios necesitaban —comodidad, autonomía, seguridad— decidió posicionarla desde su obsesión:

«¡La bicicleta más admirada de la galaxia!»

«Diseño ganador de 8 premios a la estética orbital.»

«Usada por los influencers de Andrómeda.»

Su estrategia no consistía en ofrecer una bicicleta útil, ni siquiera una divertida. Solo quería que lo asociaran con la palabra «más». Más brillante. Más *trendy*. Más deseada.

Lo repitió tanto que lo logró: cuando la gente pensaba en bicicletas galácticas, pensaban en él. Pero no para comprarle. Solo para admirar de lejos.

El Vanidoso a menudo citaba también a Kevin Roberts y su teoría de las lovemarks. Decía con orgullo que su marca no era una marca, sino una emoción.

—¿Qué emoción? —preguntó el Principito.

—Admiración. Envidia. Deseo —respondió sin pestañear. No mencionó empatía. Ni ternura. Ni confianza.

El concepto «lovemark», propuesto por Kevin Roberts (ex CEO de Saatchi & Saatchi), sugiere que las grandes marcas no se construyen solo con respeto, sino con amor. Las lovemarks son marcas que provocan una conexión emocional profunda: Apple no vende tecnología, vende creatividad y libertad; Nike no vende zapatillas, vende superación personal; Coca-Cola no vende refrescos, vende momentos compartidos.

Para ser una lovemark, hay que generar misterio, sensualidad y cercanía. No se trata solo de gustar, sino de tocar el alma. Pero el Vanidoso no lo entendió. Él creía que una lovemark era simplemente una marca que hacía suspirar por lo bella que era. Y pensó que con un poco más de humo dorado, lentejuelas y frases huecas bastaba.

En otra ocasión, decidió vender una taza de desayuno con estrellas que brillaban en la oscuridad. Pero no le bastaba con que fuera bonita o útil. Quería que fuera adorada. Así que diseñó la campaña como si fuera un poema cursi:

«No es una taza, es una experiencia.»

«Cada sorbo te hace inolvidable.»

«No te enamores de la bebida, enamórate del que la sostiene.»

Creó toda una experiencia para el *unboxing* con música de violín y un botón que te aplaudía al sacar la taza. Regaló tarjetas que decían: «Has sido elegido para tomar café con estilo interestelar».

Pero cuando el Principito la probó, el café se enfriaba rápido, la taza era incómoda de sujetar y la pintura estelar se borraba con el primer lavado. Porque al Vanidoso se le había olvidado lo esencial: para generar amor verdadero, no basta con impresionar. Hay que cuidar, escuchar, acompañar. Una lovemark no se construye con aplausos, sino con afecto.

Y entonces el Principito entendió que el Vanidoso conocía muchas teorías, pero pocas verdades. Que había leído para impresionar, no para entender. Que su marketing no era un puente, sino un espejo. Y como todo espejo, solo devolvía su propia imagen.

El escaparate: cuando la marca eres tú

El Principito, que siempre pensaba en grande pero también en pequeño, no pudo evitar hacerse una pregunta más personal:

—¿Y si en lugar de una empresa, quien quiere gustar soy yo?

Porque el planeta del Vanidoso no solo estaba habitado por marcas. También lo visitaban personas. Personas que, al intentar construir su marca personal, empezaban a parecerse demasiado a él.

A veces, quienes buscan visibilidad terminan fabricando personajes. Aprenden a posar, a escribir con frases redondas, a hablar de sí mismos como si fueran eslóganes, a vestirse de un modo determinado, a encajar en lo que se espera… Y, mientras tanto, van perdiendo la voz con la que de verdad empezaron. Van olvidando que detrás de la marca, hay una persona.

Y entonces, sin querer, se convierten en escaparates andantes: brillantes por fuera pero vacíos por dentro.

Personas que generan atención, pero no conexión. Que producen admiración, pero no conversación.

En este planeta, el Principito conoció —o más bien imaginó— al Señor del Escaparate: siempre perfecto, siempre impecable, siempre en su mejor versión. Sus redes eran vitrinas relucientes con frases inspiradoras sobre un fondo del atardecer, vídeos donde todo estaba editado con música épica e imágenes donde no había rastro de error o cansancio. Cada *post* parecía decir: «Mírame, soy inolvidable».

Y, sin embargo, nadie sabía cómo estaba de verdad. Porque nunca lo contaba. Su marca personal no era un puente, era un decorado. No se mostraba, se producía. No compartía, se promocionaba.

Y entonces el Principito entendió algo importante: el deseo de gustar puede ser tan fuerte que te empuja a dejar de ser tú mismo. Que en la búsqueda de visibilidad puedes perder profundidad. Que una marca personal construida solo sobre la estética se vuelve frágil.

Pero justo cuando pensaba que todos los caminos llevaban al escaparate, el Principito empezó a ver otras señales. Más suaves. Más humanas.

Y precisamente en el planeta del Vanidoso, donde todo se pule y se maquilla hasta parecer perfecto, el Principito descubrió a alguien que caminaba justo en dirección contraria: Henar Álvarez, la escritora, guionista, presentadora y cómica que no deja a nadie indiferente. Podría haberse quedado en la pose, en el chiste fácil, como tantos otros en el mundo del entretenimiento, pero eligió la ruta del humor incómodo, del lenguaje sin filtros, de las palabrotas que algunos rechazan y otros celebran precisamente porque son reales. En lugar de coleccionar aplausos fáciles, Henar se ha atrevido a hablar de lo que muchos esconden: de cuerpos, de placer, de feminismo, de maternidades que no siempre son idílicas... y lo hace desde la ironía, con proyectos que rompen moldes —como aquella famosa Chochoctora— y no buscan adornar lo íntimo, sino normalizarlo. Su marca personal no vive en el escaparate del «Mira qué perfecta soy», sino en el terreno mucho más arriesgado de «Mírame, diciendo lo que otros callan». El Vanidoso, obsesionado con su espejo, habría querido convertirla en un reflejo domesticado. Pero ella elige mostrarse como es, con un estilo que a veces incomoda, pero nunca es impostado. Y ahí está su fuerza, en que no busca gustar a todos, busca decir lo que importa.

Más allá del ruido de los focos y los espejos, el Principito descubrió también a Elvira Sastre, poetisa que construyó su marca personal desde la verdad de las palabras, no desde la pose. Podría haberse quedado en frases fáciles para Instagram, en versos de consumo rápido que generaran *likes* inmediatos —como haría el Vanidoso si escribiera poesía—, pero eligió el camino más difícil: escribir desde el dolor, la pérdida, el amor sin maquillaje. Elvira no se asoma al escaparate para ser admirada; abre ventanas para que otros se asomen a su mundo y reconozcan el suyo propio. Su poesía no pretende impresionar, sino acompañar. Habla de lo que duele y de lo que cura, de lo que se ama y de lo que se pierde, y esa vulnerabilidad radical es lo que convierte su voz en auténtica. Sus lectores no la siguen porque luzca perfecta, sino porque encuentran en ella un reflejo honesto de lo que ellos mismos sienten y callan.

Y entonces el Principito comprendió que, frente al brillo vacío del Vanidoso, existían coronas invisibles mucho más valiosas: la risa sin filtros de Henar y los versos sin maquillaje de Elvira. Dos maneras distintas de decir lo mismo: la verdad, incluso cuando incomoda, conecta más que cualquier aplauso buscado, y una marca personal puede ser visible sin ser decorativa, recordada no por ser perfecta, sino por ser verdadera.

Y con eso en el corazón, pensó que, si algún día él decidía construir su marca personal, no lo haría para verse mejor ni para parecer más. Lo haría para encontrarse mejor con los demás. Para compartir lo que sabe, lo que ama y lo que aún no entiende del todo. No para gustar a todos, sino para resonar con alguien. Porque mostrarse no es lo mismo que exponerse, y brillar no es lo mismo que iluminar. Y entonces una certeza suave se instaló en su corazón:

«Una marca personal no es un escaparate para admirarse, sino una ventana desde la que invitar a entrar. Con las luces encendidas y el alma a la vista.»

Instrucciones para no vivir frente al espejo

Fue difícil, pero sucedió.

Después de varios intentos fallidos —interrumpidos por datos de impacto, frases en neón y poses estratégicamente ensayadas—, el Principito logró que el Vanidoso se sentara un momento. No frente a una pantalla, ni frente al espejo. Frente a él.

El Vanidoso suspiró, un poco inquieto. Sentarse a hablar con alguien sin cámara ni micrófono lo descolocaba. Pero la mirada del Principito no lo juzgaba, y eso lo calmó.

—¿Puedo contarte algo? —preguntó el niño, con voz suave.

El Vanidoso asintió, como si por un instante se le olvidara ensayar su mejor ángulo.

—Hay una teoría —empezó el Principito— que no habla de cómo ser visto, sino de cómo ser querido. No se trata de posicionarte ni de destacar. Se trata de construir relaciones verdaderas conociendo profundamente al otro y poniendo en el centro sus necesidades y expectativas. Los sabios del marketing la llaman «customer centricity», pero yo prefiero llamarla «ver al otro».

—¿Ver al otro...? —repitió el Vanidoso, como si la idea le resultara exótica.

—Sí. Mirar no solo el reflejo, sino lo que hay más allá. Porque gustar es bonito, pero conectar es lo que deja huella.

Y entonces, sin dejar de mirarlo con afecto, el Principito empezó a contarle, como quien ofrece una constelación de pistas, algunos descubrimientos que había anotado en su cuaderno durante el viaje.

—¿Sabes? Hay marcas que brillan mucho pero no llegan a ninguna parte porque confunden ser visibles con ser valiosas. Están en todas partes, pero no están con nadie. Como una estrella fugaz: impactan, pero no calientan.

El Vanidoso ladeó la cabeza.

—Otras hablan mucho de sí mismas. Todo el tiempo. Y eso cansa. Porque cuando nadie pregunta por ti, aunque hablen bonito, no están hablando contigo. Solo se oyen a sí mismas.

—¿Entonces debo hablar menos de mi marca?, ¿hablar menos de mí? —preguntó, genuinamente confundido.

—No debes hablar menos —respondió el Principito—. Solo menos de ti, y más con los demás. La diferencia es pequeña, pero importante. Puedes seguir contando quién eres, claro. Solo no olvides preguntar quién es el otro.

El Vanidoso asintió. Por primera vez, parecía escuchar sin posar.

—Y luego está eso de la perfección... —continuó el niño—. A veces, lo que más conecta no es la campaña impecable, sino la historia verdadera. Las personas no buscan marcas perfectas, buscan marcas humanas, que tengan grietas y que no todo lo hagan por la foto.

—¿Y si me equivoco?

—Entonces, pide perdón. La autenticidad conmueve más que el diseño. Créeme.

Todo quedó en pausa, apenas un segundo. El Vanidoso observó sus trofeos, sus lemas en neón, sus pantallas con *loops* de aplausos... y, por primera vez, todo le pareció demasiado cegador.

—Tal vez he querido gustar demasiado —confesó.

—Y eso está bien —respondió el Principito—. Todos queremos gustar. Pero no se trata de que todos te vean, sino de que te recuerden con cariño. Hay campañas que ganan premios y otras que ganan lugares en el corazón. Y esas no necesitan focos. Solo escucha.

El Vanidoso no dijo nada más. Se quedó sentado, más tranquilo. Miró al Principito y, con un gesto tímido, alargó la mano hacia su propio reflejo, pero esta vez, no para admirarse, sino como si quisiera mirar a través.

Y justo antes de que el Principito se marchara, el Vanidoso lo detuvo:

—¿Puedes dejarme algo escrito? Algo que me recuerde esto cuando me vuelva a perder en el espejo...

Y el niño arrancó una hoja de su cuaderno y le escribió una especie de constelación para guiarse en noches nubladas:

- *La visibilidad impresiona. La cercanía permanece.*
- *Escucha antes de hablar, y sabrás qué decir.*
- *Lo perfecto deslumbra. Lo honesto abraza.*
- *No digas: «Mírame»; di: «Aquí estoy».*
- *La admiración aleja. La pertenencia acerca.*
- *Gustar un rato es fácil. Conectar de verdad es eterno.*

El Vanidoso dobló la hoja con cuidado. No le sacó ninguna foto ni la compartió en ninguna red. La guardó en el bolsillo más cercano al corazón.

Y el Principito, satisfecho, se preparó para seguir su viaje. Pero esta vez, antes de irse, el Vanidoso no le pidió un aplauso, solo le dio las gracias.

Marcas que se atrevieron a mirar más allá del espejo

Igual que el Vanidoso, tras escuchar con cierta sorpresa al Principito, empezó a preguntarse si ser admirado era suficiente, algunas marcas también han vivido ese proceso. Un día entendieron que brillar mucho no siempre es lo mismo que importar. Y que, a veces, la luz más fuerte es la que te permite ver al otro.

Durante décadas, Gucci fue una marca orgullosamente vanidosa y símbolo de exclusividad clásica. Sus campañas eran frías, aspiracionales, inalcanzables. La marca hablaba desde un olimpo de lujo que pocos podían siquiera mirar de cerca. Pero con la llegada de Alessandro Michele como director creativo, Gucci rompió su propio espejo y empezó a jugar con el *kitsch*, con la ironía, incluso con la autoparodia. Las campañas dejaron de parecer desfiles de estatuas para volverse escenarios vivos, con personas excéntricas, intergeneracionales, con imperfecciones y humor. Y en esa decisión de dejar de gustar como se esperaba, empezó a conectar como nunca. Gucci dejó de buscar la admiración silenciosa para generar conversación auténtica.

Por su parte, Ben & Jerry's siempre fue una marca carismática: sabores divertidos, nombres ingeniosos, packaging simpático. Era fácil de querer. Pero durante años, su simpatía visual era solo una fachada atractiva que quedaba genial en las fotos. Hasta que decidieron usar su voz, y en lugar de seguir produciendo anuncios simpáticos, comenzaron a posicionarse en temas sociales importantes, como el cambio climático, el racismo y la justicia económica. No lo hicieron como pose estética, sino como acto de coherencia. Hoy, su marketing ya no es solo «cool», es valiente. Porque entendieron que una marca puede gustar, pero si también se posiciona con verdad, puede acompañar. Ben & Jerry's no abandonó su estilo, pero lo llenó de convicción.

Estas marcas, como tantas otras, cada una desde su universo, entendieron algo fundamental: el branding no es solo una cuestión de forma, sino de fondo. Puedes gustar mucho sin tocar nada o puedes tocar el corazón sin necesidad de deslumbrar.

El Vanidoso pasó un largo rato reflexionando en soledad tras la marcha del Principito. Luego se acercó a uno de sus espejos dorados y lo cubrió con una tela.

—Tal vez ya me he visto demasiado —dijo. Lo pronunció en voz baja, y quizá fue la primera vez que hablaba no para ser aplaudido, sino para ser comprendido.

Y eso —como diría el Principito— es dejar de gustarse para empezar a gustar de verdad.

Reflexión del Principito: «Del espejo a la mirada compartida»

El Principito abandonó aquel planeta con una sensación difícil de explicar. No era tristeza ni enfado. Era algo más leve, pero profundo, como cuando hablas mucho rato con alguien que solo se mira a sí mismo: te vas sin haber sido realmente visto.

Y pensó que en realidad el Vanidoso no era egoísta, solo estaba asustado. Porque cuando una marca no sabe bien quién es, necesita verse reflejada en los ojos de los demás. Pero la conexión verdadera no se encuentra en el aplauso, sino en la mirada que se cruza.

No era difícil imaginar que el Vanidoso había aprendido —quizá demasiado pronto y sin cuestionarlo— que gustar era suficiente. Que, si coleccionabas suficientes aplausos, *likes*, premios o titulares, entonces estabas haciendo bien las cosas. Que cuanto más admirado fueras, más querido serías. Pero no. El Principito lo había visto claro: el afecto verdadero no se gana con reflejos, sino con vínculos; no se construye con frases brillantes, sino con preguntas sinceras; no se mide en impacto visual, sino en impacto emocional.

«Una marca no se construye frente al espejo, se construye caminando al lado del otro.»

Eso escribió en su diario, para que no se le olvidara.

Y entonces recordó una frase que le había dicho su amigo el Zorro, esa que llevaba tiempo resonando en su interior y que ahora cobraba más sentido que nunca:

«Lo que es importante no se ve con los ojos, se ve con el corazón.»

El Principito comprendió que, así como el Rey aprendió a escuchar bajando el tono, el Vanidoso aprendería a conectar atenuando la luz. Porque a veces, el brillo no ayuda a ver mejor, sino a deslumbrar. Y cuando se apaga, uno descubre si quedó algo verdadero debajo.

Y con eso en mente, el Principito siguió su viaje.

Porque aún quedaban otros planetas por explorar y preguntas nuevas por hacerse.

3

El Planeta del Bebedor:
El Marketing de la Evasión

No todos los planetas del universo brillan. Algunos están envueltos en una bruma suave, como si el aire mismo pidiera silencio. Así era el planeta al que llegó esta vez el Principito. Lo supo tan solo al poner un pie en él. El aire olía a cerrado y polvoriento, como si muchas emociones se hubieran guardado bajo la alfombra del tiempo para no tener que lidiar con ellas.

No había vallas publicitarias, ni eslóganes grandilocuentes, ni tronos, ni espejos. Tampoco había relojes ni calendarios. Las horas parecían no pasar, o quizás simplemente a nadie le importaban. En lugar de grandes edificios o avenidas, el paisaje estaba salpicado de sillones sueltos, pantallas encendidas sin sonido, latas vacías, restos de envases llamativos y luces de ambiente que parpadeaban sin convicción. Todo parecía diseñado para distraer, pero no para involucrar.

El marketing de la evasión: entretener no es cuidar

Era un planeta oscuro. Había solo una farola encendida a medias —como si la luz dudara si quedarse o irse—, y junto a ella, un hombre sentado en el suelo que bebía sin cesar. Vestía una chaqueta de pana desgastada y unos pantalones arrugados que ya no recordaban su color original; llevaba gafas oscuras pese a la penumbra, y tenía a su alrededor un sinfín de botellas con etiquetas brillantes que prometían sensaciones: «Desconecta», «Olvida rápido», «Felicidad instantánea». Algunas incluso tenían códigos QR para «una experiencia más intensa», pero ninguna decía exactamente qué contenían. Mejor dicho, qué habían contenido, porque el Bebedor ya se había encargado de vaciarlas.

—¿Por qué bebes? —preguntó el Principito, con la inocencia de siempre.

—Para olvidar —respondió el hombre, sin levantar la vista.

—¿Olvidar qué? —quiso saber el niño.

—Olvidar que bebo —dijo el otro, y se encogió de hombros.

Ahí lo comprendió. Ese planeta no estaba dominado por el poder, como el del Rey; ni por la arrogancia, como el del Vanidoso. Era el planeta del vacío. Donde no se gritaba ni se brillaba, se evadía. Un lugar donde el silencio no era paz, sino evasión. Donde la distracción era constante, pero nunca suficiente. Donde cada color era relleno sin alma; cada sonido, un jingle sin mensaje; y cada producto, un alivio fugaz, pero no una respuesta.

Y entonces el Principito pensó que hay marcas así, que, en lugar de hablar con el corazón, se empeñan en distraerlo, como si el ruido pudiera sustituir a la verdad. No siempre son la vanidad o la soberbia las que provocan los errores del marketing; a veces, detrás está el miedo a no saber qué decir, a no poder sostener el silencio, a no tener respuestas, a no dar la talla. Y, para no mirarlo de frente, llenan el cielo de fuegos artificiales, convencidas de que la luz efímera basta para iluminar. En lugar de afrontarlo, eligen entretener.

Promociones, sorteos, juegos, efectos, sonidos, filtros, *reels*, *gifs*. Más contenido, más velocidad, más estímulo. Y detrás de eso, una intención (no siempre consciente) de que no haya tiempo para sentir:

—Si el usuario está triste, hazle reír.
—Si está confundido, ofrécele una oferta.
—Si está solo, dale una *app*.
—Si está vacío, véndele algo.

Pero el problema del marketing evasivo es que puede llenar minutos sin tocar el alma. Y lo que no llega, no transforma.

Como el Bebedor, estas marcas no saben hacerlo de otro modo, han entrado en un círculo vicioso del que es muy difícil salir. Pero un día, como todo el que huye de sí mismo, se cansan.

Cuando aparentar se parece a desconectar

El Principito no juzgó al Bebedor. Solo lo observó, con los ojos tan abiertos como cuando miraba a su rosa. Y mientras lo escuchaba beber en silencio, se le vinieron a la cabeza campañas que había visto en otros planetas:

- Campañas de snacks que prometían felicidad con solo un crujido.
- *Apps* de meditación que premiaban la racha sin preguntar cómo estás.
- Vídeos que viralizaban el relax sin nunca mencionar el dolor.

Y entendió que algunas marcas no quieren incomodar. Prefieren acompañar solo lo alegre. Pero eso no es compañía, pensó, es entretenimiento. Y el entretenimiento, sin pausa, se vuelve ruido.

Entonces lo anotó en su cuaderno:

«No todo lo que nos gusta nos cuida; no todo lo que entretiene nos acompaña.»

Y ahí entendió el marketing del Bebedor, el marketing experto en evasión: algunas marcas beben para no sentir, porque se han hecho expertas en distraer, en llenar el tiempo sin darle sentido.

Mientras el Principito observaba aquel planeta anestesiado por la evasión, pensó en otros lugares donde la estrategia no es gritar ni deslumbrar, sino mantener al otro distraído, ocupado, con la mente lejos del corazón. Donde la lógica del marketing no busca conexión, sino dopamina. Y recordó algunos nombres.

TikTok, por ejemplo. Un planeta en sí mismo, girando a velocidad hipnótica. Allí no hay tiempo para preguntas, solo *scroll* infinito. Cada vídeo es una mini evasión, una píldora de estímulo diseñada para capturar segundos de atención y soltarlos antes de que duelan. Fluidez, descubrimiento, novedad constante: ese es su lenguaje. Pero incluso en ese planeta de luces rápidas, algo empezó a cambiar. Miles de habitantes comenzaron a hablar de fatiga, de dependencia, de la sensación de estar llenos de estímulo pero vacíos de vínculo. TikTok, sorprendido por la reacción, empezó a tomar medidas: recordatorios para hacer pausas, límites de uso, contenidos que invitan a respirar, a reconectar. Quizá, pensó el Principito, incluso en los planetas más acelerados, puede brotar una pequeña intención de cuidado.

Shein, en cambio, parecía más bien un supermercado del deseo fugaz que ofrecía gratificación instantánea a quien la quisiera. Allí, cada hora traía una nueva colección, y cada clic, una oferta irrechazable, la droga preferida de los adictos a la evasión. El planeta entero estaba hecho de pasillos interminables, cajas relucientes y prendas que se ofrecían como caramelos: coloridas, baratas, instantáneas. Pero todo iba tan rápido que nadie tenía tiempo de preguntarse nada. ¿Por qué compramos tanto? ¿Qué estamos evitando mirar? ¿Qué queremos sentir y no logramos? Shein no respondía. Solo servía. Hasta que la presión social —ambiental, ética, humana— empezó a hacer ruido. Y hoy, tímidamente, la marca empieza a cuestionarse cosas. No ha dejado de vender, pero algo en su atmósfera empieza a abrir grietas. Y, a veces, el primer acto de consciencia es atreverse a quedarse quieto un segundo.

Incluso Coca-Cola, reina de la evasión dulce, ha tenido que ajustar su brújula. Durante años, su promesa fue clara: «Destapa la felicidad». Una frase burbujeante, brillante, pero también ligera, evasiva, decorativa. Como si la felicidad fuera una cuestión de gas. Pero, para bien o para mal, el mundo ha evolucionado y, con él, la necesidad de las personas. Hoy, Coca-Cola ha empezado a explorar emociones más reales: la nostalgia, la pertenencia, incluso el dolor. Campañas que hablan de sostenibilidad, de contexto e incluso de memoria compartida, porque entendió que ya no basta con pintar sonrisas. Ahora toca acompañar lo que duele. No para vender más, sino para no perderse.

El Principito comprendió algo simple y profundo: evadir puede ofrecer un respiro breve. Pero vivir, de verdad, requiere presencia.

Los mantras que memorizó el Bebedor

El Bebedor no tenía manuales de estrategia ni libros de teoría publicitaria en su estantería. No por falta de interés, sino porque en su planeta no se profundizaba, uno no tenía cuerpo para eso, y mucho menos intención. Allí no se estudiaban los comportamientos del consumidor ni se hablaba de experiencias significativas. En lugar de eso, había recetas. Fórmulas breves, simples, listas para aplicar sin pensar demasiado.

En su rincón del planeta, el Principito encontró una pared donde estaban escritas algunas de esas fórmulas a modo de grafitis, como si fueran mantras de consumo rápido:

«Dales lo que quieran, aunque no sepan por qué lo quieren.»

«No expliques, entretén.»

«Si se distraen, compran.»

«Cuantos más clics, mejor, aunque no sepas para qué.»

«Haz que vuelvan, aunque no se queden.»

El Bebedor las repetía en voz baja, como quien busca anestesia en lugar de sentido.

En una ocasión, el Bebedor quiso vender una almohada «para dormir sin pensar». No habló de descanso ni de sueños. Solo decía:

—Con esta almohada, no sentirás nada. Nada de lo que te molesta. Nada de lo que te duele. Ni ansiedad ni preguntas. Solo silencio.

La campaña fue un despliegue de escapismo digital. Usó vídeos de seis segundos en bucle en redes sociales, sin sonido, donde una figura caía lentamente sobre la almohada como si desapareciera del mundo. En los *stories*, el copy aparecía flotando:

«Apaga el mundo. Apóyate aquí.»

«No sueñes. Solo duerme.»

«Cierra los ojos. Cierra todo.»

En las calles del planeta se colocaron lonas grises donde no aparecía ni el producto ni el logo, solo una frase en tipografía suave:

«Silencio. Disponible en tamaño estándar.»

No había testimonios. No había promesa de bienestar. Solo la ilusión de apagarse un rato.

La estrategia no era conquistar el corazón. Era desconectarlo.

Y sí, vendió muchas almohadas. Pero nadie recordaba por qué las había comprado.

Ni para qué les habían servido.

En otra ocasión, el Bebedor diseñó su propia marca de bebida. Se llamaba «Olvídate».

Era dulce, con burbujas y sabores intensos, diseñada para estimular rápido y evaporarse igual de pronto.

Para su lanzamiento, organizó un festival llamado «Escape» donde todo duraba apenas minutos: canciones de noventa segundos, luces parpadeantes, proyecciones rápidas sin ningún mensaje claro. Los asistentes recibían una lata de Olvídate al llegar, sin *ticket*, sin explicación. Era parte del ambiente.

La publicidad se lanzó exclusivamente en formato vertical, para *scrollear* sin pensar.

El envase cambiaba cada semana, con colores fluorescentes y nombres siempre distintos: «Euforia 3AM», «Desconexión total», «Burbuja sin final».

Los *influencers* del planeta la mostraban a través de filtros en todas las fiestas. No se hablaba del sabor, ni de la historia de la marca, ni de sus ingredientes. Solo importaba el efecto inmediato.

Cada campaña tenía fecha de caducidad porque la promesa era una sola: «Olvida todo durante un rato». Después, vendría otra, y otra.

El Principito, que prefería recordar a huir, escribió en su cuaderno:

«Hay marcas que ofrecen evasión como un oasis, pero solo dejan más sed cuando se disipa el espejismo.»

Porque la evasión no puede ser propuesta permanente. A lo sumo, un descanso. Y si una marca no ofrece más que distracción, lo que genera no es vínculo, sino hábito, que se parece mucho a la lealtad, pero no lo es.

Brindis vacíos: cuando la marca soy yo

No todas las marcas personales se construyen desde la seguridad. Algunas nacen del intento de disimular la fragilidad.

El Principito, al ver al Bebedor, no pensó solo en empresas. Pensó en quienes intentan brillar para no mirar hacia dentro.

En este planeta conoció —o más bien imaginó— al Brindador: un personaje elegante, siempre sonriente, copa en mano y discurso pulido. Publicaba a diario, siempre con una frase inspiradora, una foto luminosa, un gesto amable. Pero el Principito, que sabía mirar más allá de lo visible, notó algo extraño: la sonrisa era perfecta, pero estaba vacía. Los textos eran bellos pero huecos. Cada *post* parecía una celebración, pero no había nadie realmente invitado.

El Brindador no publicaba para compartir. Publicaba para no callar. Para no pensar. Para no sentir el peso del silencio. Y cada nueva publicación, como una copa más, servía para disimular una incomodidad que no quería nombrar.

Entonces el Principito entendió algo importante: muchas marcas personales no nacen del deseo de expresarse, sino de la necesidad de no enfrentarse a uno mismo. A veces, construir una identidad digital es solo otra forma de esconderse. Hay quien habla sin parar para no escucharse.

El Brindador parecía fuerte, pero estaba agotado. Daba consejos, pero no se escuchaba. Sonreía, pero no encontraba alegría. Su marca personal era un brindis constante. Pero sin brindis real. Solo repeticiones vacías.

Y el Principito pensó que el branding personal no debería ser una copa que se alza por costumbre. Debería ser un gesto sincero. Una forma de tender la mano, no de llenar el hueco. No una máscara que protege, sino una puerta que invita.

Pero también entendió que no todo era impostura, que había personas que, incluso atravesando el miedo o el cansancio, habían aprendido a construir desde lo verdadero.

Descubrió, por ejemplo, a quienes no ocultaban sus grietas, sino que las integraban en su voz pública.

Como Joaquín Sabina, que jamás construyó una imagen impecable ni pretendió encajar en el molde del artista infalible. En entrevistas, libros y canciones ha hablado abiertamente de sus excesos, depresiones, caídas físicas y emocionales, bloqueos creativos y miedos profundos. No maquilla el temblor: lo convierte en parte de su relato. Cuando perdió la voz en mitad de un concierto en 2020 y tuvo que retirarse del escenario, no lo escondió ni lo vistió de épica: lo contó tal cual. Su marca personal no se basa en demostrar fuerza, sino en mostrar humanidad. Por eso conecta, porque su verdad no es fotogénica, pero es real.

También se le vino a la mente Samanta Villar, que desmontó el relato idealizado de la maternidad cuando dijo públicamente que no era «lo mejor que le había pasado en la vida», a pesar de querer profundamente a sus hijos. Recibió oleadas de críticas, pero no se desdijo. Explicó el cansancio, el desajuste emocional, la culpa, la pérdida de tiempo propio y la presión de parecer siempre agradecida. Su marca personal se volvió más sólida precisamente por esa honestidad incómoda: eligió contar la vida tal como es, no como debería parecer. Cuando publicó *Madre hay más que una*, combinó datos, vivencias reales y contradicciones emocionales sin edulcorarlas, demostrando que comunicar desde la verdad puede dar pie a conversaciones que nadie se atreve a iniciar.

Y entonces el Principito comprendió que la marca personal no debe ser una ficción brillante que lo oculta todo, sino una narración honesta que invita a los demás a sentirse menos solos. Que mostrarse no es lo mismo que exponerse, y que la vulnerabilidad no es debilidad, sino una verdad compartida.

Porque los seguidores que se quedan no son los que celebran siempre, sino los que reconocen que también hay días sin brindis.

Y entonces una certeza suave se instaló en su corazón:

«Una marca personal no es una copa que se alza para disimular, sino una voz que se ofrece con sinceridad. Con el corazón visible y las manos sin guion.»

Instrucciones para no evadir lo esencial

El Principito no interrumpió al Bebedor. Lo observó un rato en silencio, trago tras trago, con esa mezcla suya de ternura y asombro. Entendía que no todos beben por placer, que a veces se bebe para no sentir, otras para no pensar o para no recordar. Pero justo por eso, pensó, las marcas tienen una enorme responsabilidad: pueden sumar al ruido o invitar a habitar el silencio con sentido.

Se sentó a su lado, en el suelo, y sacó del bolsillo un pequeño cuaderno con la tapa gastada. Lo abrió por una página señalada con una ramita de baobab, y empezó a leer con voz tranquila:

—No se trata de distraer, sino de acompañar; no de anestesiar, sino de entender.

El Bebedor lo miró con un gesto torpe, entre confusión y curiosidad, dejando por un breve instante la botella a un lado.

—¿Y eso lo dice algún manual de ventas? —preguntó con voz rasposa.

—No —respondió el Principito—. Lo dice alguien que aprendió a estar presente. Un autor llamado Jon Kabat-Zinn. Él no es ni un gurú ni un profeta, sino un profesor emérito de Medicina que enseña algo que parece muy simple pero es muy difícil: gran parte del dolor humano viene de estar en un sitio, pero con la cabeza en otro. Y que la cura, a veces, no está en escapar, sino en quedarse. En mirar con ternura lo que pasa por dentro. En dejar de huir para empezar a habitar.

El Bebedor alzó una ceja.

—¿Y eso sirve para vender?

—Sirve para conectar —dijo el Principito—. Y una conexión verdadera, a veces, vale más que mil campañas.

Le explicó que Jon Kabat-Zinn es un médico estadounidense, pionero en introducir la práctica del mindfulness en la medicina occidental. En los años setenta, fundó la Clínica de Reducción del Estrés en Massachusetts y ayudó a miles de personas a enfrentar el dolor, la ansiedad y el sufrimiento, no huyendo de ellos, sino aprendiendo a mirarlos con compasión.

—Él decía que prestar atención de verdad cambia las cosas —añadió el Principito—. Porque cuando te detienes a sentir, a escuchar, a comprender... ya no necesitas escapar.

Y entonces el niño de cabellos de trigo se volvió hacia el Bebedor con una dulzura muy seria, y le habló de algunas ideas que había recogido en otros planetas. Pequeñas luces que no distraían, sino que iluminaban. No recetas para vender más, sino para estar mejor.

Y se las dijo así, como quien siembra semillas:

«Una buena marca no te evade del dolor, te toma de la mano cuando duele.»

«Hay campañas que entretienen, y otras que entienden. No son incompatibles, pero son distintas.»

El Bebedor no respondió de inmediato. Miró de nuevo la botella y, por primera vez en mucho tiempo, decidió no dar ese ansiado trago.

—Entonces..., ¿no hay que hacer reír, ni distraer, ni ofrecer ligereza? —preguntó.

—Claro que sí —dijo el Principito, sonriendo—. Pero no como un fin. Sino como un respiro. Una pausa con sentido. No un olvido sin retorno.

Le habló entonces de una marca de té que no prometía hacerte olvidar los problemas, sino una pausa para pensar con calma. Y de una aplicación de meditación que no animaba a escapar de la ansiedad, sino a entenderla. Pequeños gestos. Marcas que decían: «No estás solo».

Y eso, en el planeta del Bebedor, era un mensaje revolucionario.

El Bebedor lo escuchaba como si algo, muy lentamente, empezara a abrirse.

—¿Y eso... vende? —preguntó por fin, con un hilo de voz.

—Vende más de lo que crees —dijo el Principito—. Porque cuando una marca no solo alivia, sino que acompaña, ya no es un producto, es una presencia. Y nadie quiere desprenderse de una presencia que lo hizo sentir visto.

El Bebedor asintió despacio. No prometió cambiar. Pero tampoco se escondió. Se quedó allí, con el Principito a su lado, sin decir mucho más.

Y, por primera vez, en lugar de evadirse, se permitió simplemente estar.

Mientras el sol del planeta asomaba tímidamente entre la niebla, el Principito escribió en su cuaderno:

«Hay marcas que te hacen olvidar por un rato, y otras que te invitan a sentir de verdad. Unas venden olvido..., otras ofrecen compañía.»

Marcas que cambiaron la copa por la conversación

No todas las marcas se quedan dormidas. Algunas, como el Bebedor, un día dejaron la botella y se atrevieron a abrir los ojos. Entendieron que distraer no es suficiente, que entretener puede ser hermoso, pero que acompañar es más valioso.

Una de ellas fue Disney. Durante décadas, se sostuvo sobre fórmulas conocidas: princesas que esperaban ser rescatadas, villanos que eran malvados sin matices, finales que decían que todo se arregla con amor (romántico, claro). Pero con el tiempo, Disney entendió que el mundo pedía otros relatos y, afortunadamente para las nuevas generaciones, cambió. Hoy, las princesas ya no esperan: Moana no busca casarse, busca descubrir quién es; Elsa, en *Frozen*, no necesita un príncipe, sino reconciliarse consigo misma. Incluso los villanos han ganado profundidad, como en *Maléfica*, película en la que conocemos el dolor que sufrió la protagonista antes de su rabia. Ya no se trata solo de distraer con fantasía, sino de inspirar con verdad emocional. Disney ha pasado de decir: «Vivieron felices y comieron perdices», a preguntarse: «¿Qué es, realmente, la felicidad?».

También lo hizo Starbucks, que pudo haber seguido vendiendo café con frases motivacionales impresas en vasos de cartón, pero eligió mirar más allá del mostrador y dejar de funcionar con el piloto automático. En lugar de seguir compitiendo solo por rapidez o comodidad, empezó a hablar de bienestar, de comunidad, de espacios donde no solo se consume, sino que se conversa. Promovió políticas de inclusión, educación, y hasta campañas que animaban a los clientes a dejar el móvil y volver a conectar con el momento. Pasó de «coffee to go» a «coffee to be». ¿Cómo lo hizo? Invirtió en formar a sus empleados —a los que llama «partners», o sea, socios—, ofreciendo acceso gratuito a estudios universitarios online; abrió tiendas especiales atendidas por personas sordas en lengua de signos y, durante un tiempo, en algunas tiendas de EE. UU., lanzó la campaña «Race Together», animando a los clientes a hablar abiertamente sobre racismo con sus baristas. Más que servir bebidas, Starbucks quiso ser un espacio para conversaciones valientes. Pasó de ser un lugar para pasar el rato a ser un lugar que puede marcar un momento.

Y Google, que podría haberse quedado en ser solo «el buscador más rápido», ha ido abriendo puertas más amplias: desde iniciativas educativas hasta campañas que promueven la salud mental o el acceso a información veraz. En lugar de limitarse a llenar la pantalla de resultados, decidió usar su alcance para invitar a la reflexión, apoyar a comunidades y dar voz a causas significativas. Ha pasado de dar respuestas a promover buenas preguntas. Sin ir más lejos, lanzó campañas que van más allá del clic, como «Be Internet Awesome», un programa para enseñar a niños a navegar con seguridad y empatía, y durante la pandemia, su Doodle cambió los logos por agradecimientos a sanitarios y trabajadores esenciales. Hoy, su asistente de voz teóricamente puede detectar signos de suicidio e intervenir con ayuda inmediata.

Incluso en YouTube —plataforma que le pertenece— han limitado los anuncios en contenidos infantiles y activado funciones para fomentar pausas de descanso. Poco a poco, han pasado de ser una ventana infinita a preguntarse qué entra realmente por ella.

Como el Bebedor, esas marcas se miraron en el espejo empañado de su propio marketing y eligieron limpiar el cristal y despertar de su propia distracción. Dejaron de anestesiar para empezar a acompañar.

Reflexión del Principito: «De la evasión a la presencia»

Cuando el Principito se despidió del planeta del Bebedor, no lo hizo con reproche. Sabía que todos, en algún momento, necesitamos una pausa. Que no es malo distraerse, pero sí lo es vivir distraído para siempre.

Miró una vez más al hombre que lo había recibido con evasión y ahora lo despedía con una mirada más limpia, sin la botella en la mano, sin necesidad de esconderse tanto. Y pensó que hay planetas que no hacen ruido, pero enseñan mucho.

Porque, aunque el mundo está lleno de mensajes que son gritados para no sentir, publicidad que entretiene para no escuchar y campañas que prometen evasión pero olvidan la conexión, el marketing verdadero no debería ser una anestesia, debería ser una forma de estar. Y si una marca quiere dejar huella, no puede conformarse con distraer, tiene que ofrecer algo más que olvido: tiene que acompañar.

Por eso, antes de subirse a la siguiente bandada de pájaros, el Principito escribió en su cuaderno, con letra lenta y delicada:

«Hay marcas que te entretienen para que olvides.
Y hay marcas que te acompañan para que recuerdes. Las primeras llenan el tiempo, pero las que acompañan... esas le dan sentido.»

4

El Planeta del Hombre de Negocios: El Marketing de las Cifras

El Principito voló con la bandada de pájaros y dejó que el viento —que a veces sopla con intención y otras con intuición— lo empujara sin hacer ruido hacia su próximo destino. Ya había visitado tres planetas, y aunque cada uno le había enseñado algo, ninguno le había respondido del todo. La tercera no fue la vencida, pero él se mantuvo firme en su propósito.

Y al llegar, sin ceremonia, descendió a otro planeta dispuesto a seguir hallando respuestas.

No sabía qué encontraría, pero algo en el aire le dijo que allí también habría algo que mirar. O que contar.

El marketing del Excel: sumar no es comprender

El Principito aterrizó en un planeta que parecía una gigantesca oficina sin ventanas. No había árboles, ni flores, ni pájaros, solo un suelo de microcemento dividido en cuadrículas perfectas, como si toda la superficie fuera una hoja de cálculo extendida hasta el horizonte. En el cielo, en lugar de nubes, flotaban pantallas con tableros luminosos que mostraban métricas en tiempo real: tasas de clics, curvas de conversión, gráficos de barras y embudos de venta. Algunas parpadeaban como si tuvieran vida propia. Otras se actualizaban solas, al compás de datos que nadie parecía mirar... salvo él.

En el centro del planeta, sentado tras un escritorio de caoba lleno de papeles perfectamente alineados, vivía el Hombre de Negocios. Vestía con traje oscuro, camisa impoluta y corbata de rayas. Llevaba gafas sin montura y el ceño permanentemente fruncido, como si cada pensamiento tuviera decimales. A su alrededor, pilas de informes impresos, carpetas codificadas por colores, tablets y, sobre todo, calculadoras: grandes, pequeñas, de bolsillo, solares, científicas. Algunas estaban encendidas, otras en reposo, pero todas parecían estar listas para confirmar que todo podía —y debía— medirse.

El tictac de las operaciones era el único sonido constante del planeta. De vez en cuando, una impresora térmica escupía un recibo de estadísticas que él examinaba con devoción.

Y el aire olía a papel viejo, a tinta de impresora y a algo más difícil de nombrar: control.

El Hombre de Negocios estaba muy ocupado contando estrellas. No las miraba, no las conocía, no se detenía ante su belleza. Solo las sumaba, una y otra vez, convencido de que, al contarlas, le pertenecían.

—¿Qué haces aquí? —preguntó el Principito.

—Sumo —respondió sin mirarlo—. Sumo estrellas. Ya tengo quinientos millones.

—¿Y qué haces con ellas?

—Nada. Las poseo. Yo soy un hombre serio.

No hablaba de luz, ni de asombro, ni de lo que sentía al verlas. Solo decía cuántas tenía y cuánto valían. Para él, tener era saber. Sumar era entender. Y medir era más que suficiente para controlar su mundo perfecto.

Su filosofía era simple pero absoluta: «Lo que no se puede contar, no importa». Creía en los KPI como otros creen en la poesía. Leía a Byron Sharp y a Kaplan como si fueran profetas. Citaba fórmulas con la fe de un creyente. Si algo no entraba en un gráfico, no existía; si no generaba rendimiento, era irrelevante, y si no podía medirse, era sospechoso. Su mundo estaba hecho de certezas contables, no de vínculos. Su marketing no contaba historias, sino resultados.

El Principito comprendió entonces que muchas marcas viven así: obsesionadas con hacer recuento de clientes, seguidores, *likes*, tasas de apertura, ratios de conversión y repeticiones. Quieren poseer la atención, pero no saben cuidarla. Miden el impacto sin detenerse a mirar a quién han tocado, o si han tocado a alguien.

Viven rodeadas de métricas. Y vacías de sentido.

Porque, aunque obviamente sumar es útil y, a veces, incluso imprescindible —para orientar, ajustar, decidir—, no basta. Contar no es lo mismo que comprender. Y medir no siempre significa mirar de verdad.

Porque sumar puede ayudarte a avanzar…, pero nunca, por sí solo, ayudará a conectar.

Cuando sumar se parece a ignorar

Como seguro que puedes imaginar a poco que te hayas movido por este mundo, el Hombre de Negocios no era el único que vivía para contar. Muchas marcas, como él, se obsesionaron con medir, optimizar, escalar... y en ese afán numérico, dejaron de comprender a quienes tenían delante.

Creyeron que más era mejor. Si los *likes* subían, la marca también. Si la tasa de conversión mejoraba un 0,4 %, entonces la campaña había funcionado. Pero nunca se detuvieron a preguntar: ¿funcionó para quién? ¿Conectó con alguien? ¿Dejó algo más que clics?

Una de las marcas obcecadas en los números fue Facebook (antes de rebautizarse como Meta). Durante años, priorizó los datos: tiempo de uso, volumen de interacciones, crecimiento de usuarios. Su algoritmo premiaba el contenido que generaba más clics, más tiempo en pantalla, más engagement... sin importar si era contenido dañino, polarizador o vacío. En su afán por optimizar el «scroll infinito», perdió de vista algo esencial: el bienestar del usuario. Millones de personas seguían entrando cada día, pero salían sintiéndose peor. Las métricas eran buenas, pero la experiencia no lo era en absoluto.

Otra fue Uber, que durante su etapa de hipercrecimiento convirtió cada métrica en una obsesión: número de carreras, captación de conductores, tarifas dinámicas por minuto. El modelo era implacable, pues la marca crecía, aunque eso implicara conflictos legales, laborales o éticos. Durante años, Uber optimizó sin mirar y terminó pagando el precio en forma de escándalos de reputación, pérdida de confianza, rotación de empleados y clientes hartos de políticas frías. En los cuadros de mando todo parecía ir bien... hasta que dejó de hacerlo.

YouTube también vivió su propio exceso de datos. Su algoritmo, diseñado para aumentar el tiempo de visualización, promovió contenidos cada vez más extremos. La lógica era simple: si lo ves más, te lo muestro más. Pero eso hizo que ciertos usuarios quedaran atrapados en cámaras de eco, radicalización y desinformación. Todo por la métrica del watch time. La marca lo entendió tarde, y solo después de recibir duras críticas, empezó a corregir el rumbo.

El Principito, que no sabía nada de algoritmos, pero sí de personas, lo escribió con calma:

«Una marca que solo escucha a los números deja de oír a las personas.»

Porque sí, sumar puede ayudar. Pero si no hay una historia detrás de cada cifra, lo único que se construye es un muro de datos. Y en ese muro, lo humano se borra.

Los informes que analizó el Hombre de Negocios

El Hombre de Negocios no leía novelas ni poesía. Y mucho menos se le había pasado por la cabeza abrir un libro con un principito en la portada. No porque no tuviera tiempo, sino porque no les veía utilidad. Prefería los informes (cuantitativos, por supuesto), los cuadros de mando, los rankings de cuota de mercado. Su escritorio estaba cubierto de gráficos con líneas ascendentes, hojas de cálculo con tasas de conversión, métricas de apertura, clics, seguidores ganados, coste por adquisición y retorno de inversión. Eso era lo que entendía y le servía, y todo lo demás le parecía adorno.

Citaba a Philip Kotler con naturalidad, pero no por sus reflexiones sobre el propósito o el marketing 3.0, sino por sus célebres 4P del marketing: producto, precio, punto de venta y promoción. Le encantaban porque podía convertirlas en columnas de una tabla. Y con eso, creía tenerlo todo controlado. Lo que ignoraba era que la mirada de Kotler, considerado el padre del marketing moderno, había evolucionado hacia dimensiones más humanas: desde las 4P hacia el marketing basado en valores, relaciones y sentido social. Pero él se había quedado en la fórmula original. La más fácil de calcular.

También leía —y citaba— a Byron Sharp, defensor de una idea potente: las marcas no crecen por fidelización, sino por penetración de mercado. Es decir, no se trata de enamorar a unos pocos, sino de estar presente y disponible para muchos. Para Sharp, lo importante es la «disponibilidad mental» y la «disponibilidad física», es decir, que te recuerden y que te encuentren. El Hombre de Negocios convirtió esa teoría en una cruzada por estar en todas partes, aunque sin decir mucho.

Otro de sus gurús era Avinash Kaushik, considerado el mayor experto mundial en analítica web. Kaushik advertía contra las métricas «vanidosas» —*likes*, visualizaciones, *followers*— y defendía fijarse en las métricas que de verdad aportan valor, como comportamiento, implicación, intención. También formuló la llamada «regla del 10/90»: por cada diez euros que se invierten en herramientas, deberían invertirse noventa en personas capaces de interpretar los datos. Porque no sirve de nada gastar fortunas en tecnología si nadie sabe leer lo que hay detrás de los números. Pero el Hombre de Negocios nunca entendió esa proporción. Él invertía justo al revés: mucho en herramientas brillantes, poco o nada en criterio humano. Prefería lo fácil, lo inmediato, lo que cabía en una gráfica automática, aunque no dijera nada profundo. Así, mientras creía poseer el control con sus tablas y cuadro de mandos, en realidad estaba gobernando un desierto de cifras vacías. Y desde que Kaplan y Norton introdujeron el cuadro de mando integral en 1992, él lo había convertido en su religión: cada indicador era un dogma y cada ratio, un mandamiento. Y como todo fanático, no veía más allá de su credo numérico.

Y, por encima de todo, adoraba el embudo de conversión. No porque le pareciera poético, sino porque le daba estructura. Le permitía imaginar al cliente como un número que avanza por fases: primero te ve (descubrimiento), luego te sopesa (consideración), después te compra (acción) y finalmente —si todo va bien— repite (fidelización). El embudo le ofrecía control. Le permitía asignar una ratio a cada paso. Medir cada fricción. Identificar cada fuga. Y como todo tenía un porcentaje, podía decidir a qué etapa dedicar más inversión. Leía libros que lo explicaban y aplicaba sus fórmulas con devoción.

Un día decidió lanzar una colección de archivadores prémium. Nada demasiado romántico: simples archivadores. Pero los bautizó como «sistemas inteligentes de clasificación ejecutiva» y creó una campaña basada en el embudo. En la fase de descubrimiento, pagó anuncios en buscadores y redes profesionales. Para la de consideración, diseñó una landing page con comparativas técnicas. En la de acción, ofreció un 20 % de descuento con urgencia simulada («solo hoy»). Y en la de fidelización, programó *emails* recordatorios con artículos como «5 señales de que necesitas organizar tu vida». Lo midió todo: tasa de clics, tiempo en página, conversión por fuente de tráfico. Y funcionó... técnicamente. Vendió archivadores. Pero cuando terminó la campaña, el interés se evaporó. No había emoción. Solo una secuencia de empujones algorítmicos. Nadie recomendó la marca. Nadie la recordó.

En otra ocasión, apostó por una *app* para aprender a hacer pan en casa. Era un nicho en crecimiento. Le entusiasmó el informe de Google Trends y se lanzó de inmediato. Segmentó por hábitos de compra, activó campañas para captar leads y optimizó su onboarding con pruebas A/B. Cada vez que un usuario abandonaba, enviaba una notificación push: «¡No te rindas! El pan perfecto te espera». Pero nunca se preguntó si alguien se sentía realmente acompañado. Solo medía los que llegaban y los que se iban. Y entre tasa de retención, eventos y CTR... se le escapaba el alma de la masa.

—¿Y qué haces con todo eso? —preguntó el Principito, curioso.

—Optimizo —dijo el Hombre de Negocios—. Mejoro ratios. Escalo campañas. Aumento tasas.

—¿Y si esos números no te cuentan nada de las personas que hay detrás?

—No me importa. Mientras crezcan... funcionan.

Y ahí estaba el problema. Porque esas teorías —aunque útiles—, cuando se convierten en dogma, hacen que una marca olvide que detrás de un 3,7 % de conversión hay personas que dudaron, confiaron, se ilusionaron... o se fueron.

El Principito lo apuntó en su cuaderno:

«Medir no está mal, lo que está mal es olvidar lo que se está midiendo.»

Porque sí, las pruebas A/B, los mapas de calor o el ROI tienen su lugar. Pero si todo se convierte en ratio y nada en relato, lo que se gana en eficiencia, se pierde en sentido. Y el Hombre de Negocios seguía ahí, como siempre, rodeado de cuadros de mando, pero solo.

Inventarios del yo: cuando la marca soy yo

Y entonces comprendió que había aterrizado en el planeta donde el branding personal se confundía con capital simbólico. Donde ser marca no era una forma de comunicar una verdad, sino de acumular una ventaja.

Seguidores. Métricas. Networking. Publicaciones.

El yo como activo. La presencia como plan de negocio. La reputación como saldo.

Allí conoció —o más bien imaginó— al Contador de Sí Mismo, alguien que no hablaba de lo que sentía, sino de lo que valía. Lo tenía todo medido: cuántos seguidores había ganado en el último mes, cuántas visitas tenía su perfil, cuántas veces había sido mencionado en LinkedIn, cuántas conferencias había dado y cuánto retorno había tenido cada una.

El branding personal del Contador no era una búsqueda de conexión. Era una estrategia de acumulación. Cada acción debía generar retorno. Cada contenido, rendimiento. Cada interacción, escalabilidad. La autenticidad no era una brújula, sino una métrica más.

Y todo lo que no pudiera traducirse en números se descartaba.

A su manera, también tenía un logo. Pero no lo usaba para expresarse, sino para cerrar acuerdos. Tenía una voz, pero no para decir algo verdadero, sino para repetir lo que mejor funcionaba. Tenía presencia..., pero no era real.

El Principito lo observó con curiosidad. Y aunque al principio le costó comprenderlo, pronto intuyó lo que ocurría: el Contador no estaba perdido en el espacio, estaba perdido en su hoja de cálculo.

Y pensó: «Cuando la marca personal se convierte en un inventario, uno deja se ser alguien y empieza a ser algo. Algo que se cuenta, pero no se siente».

Pero entonces, como ya le había ocurrido en otros planetas, también empezó a ver otras huellas. Caminos más lentos, más humanos. Señales de quienes habían elegido otro tipo de presencia: menos numerable, más memorable.

Descubrió, por ejemplo, a Jorge Drexler. Aunque es más conocido por su música que por su presencia digital, ha construido una marca personal coherente, íntima y profunda. No grita, no fuerza el algoritmo. No publica por obligación ni busca volumen. Lo suyo es la pausa, la palabra justa, el tono medido. En lugar de contar reproducciones, sigue contando historias. Y eso, curiosamente, lo hace aún más relevante.

Y también pensó en Raquel Riba Rossy, creadora de Lola Vendetta, que comenzó ilustrando con humor, rabia y ternura sin un plan de negocio, solo con ganas de contar verdades incómodas. Su comunidad creció no por estrategia, sino por conexión real. Hoy su marca personal sigue viva porque se sigue sintiendo humana.

Y entonces el Principito comprendió que una marca personal no necesita estar monetizada para ser valiosa. Que no todo debe convertirse en número. Que no hay que medir cada paso si lo que buscas es dejar huella. Porque los seguidores que solo llegan por el algoritmo se van con el algoritmo, pero los que llegan por la verdad, se quedan.

Antes de irse, el Contador le pidió un favor al niño:

—Dime, ¿cuántos *likes* crees que vale mi estrella más brillante?

Y el Principito, con una sonrisa suave, respondió:

—No lo sé. Pero sé que no la cambio por una conversación.

Y sin decir más, se fue. Porque entendió que, a veces, cuanto más se mide una marca personal, menos se sostiene por sí sola.

Una marca personal no debería vivirse como un Excel, sino como una carta escrita a mano, con números si hace falta, pero con alma.

Instrucciones para no ahogarse entre cifras

El Hombre de Negocios aceptó reunirse con el Principito, aunque le extrañó la propuesta.

—¿Tomar algo? —preguntó, entre desconfiado y sorprendido—. ¿Y eso para qué sirve?

—Para conversar —respondió el Principito sin más.

Accedió. Pero no fue a una cafetería, claro. Lo invitó a su sala de reuniones acristalada, decorada con diagramas circulares, pantallas y una máquina de café perfectamente calibrada para servir siempre la misma cantidad de café a la misma temperatura. Al fondo de la sala, que presidía una mesa alargada, había una nevera llena de bebidas funcionales: energizantes, antioxidantes, sin azúcar.

—Tú eliges —dijo el Hombre de Negocios—. Aquí todo tiene una etiqueta.

El Principito escogió agua. Y una silla sin ruedas, para no moverse más de lo necesario.

—¿Y entonces? —preguntó el hombre, controlando el tiempo con un reloj digital—. ¿Qué querías mostrarme? Tengo cinco minutos exactos para escucharte... Después tendré que volver a ser productivo. Ahora ya son cuatro minutos y cincuenta y cinco segundos.

El Principito sacó de su bolsillo un pequeño cuaderno arrugado y empezó a hablar. No desde la teoría, sino desde la intuición.

—He visto cómo haces marketing —dijo, mirando a su alrededor—. Medir no es malo. El problema es cuando medir se convierte en lo único que haces. Cuando mirar el ROI es más importante que mirar a la persona.

El hombre resopló, incómodo.

—Sin datos no hay decisiones —respondió con voz firme, como si recitara algo aprendido de memoria.

—Eso decía Kaushik, ¿no? —preguntó el Principito, con una sonrisa leve—. Que «los datos sin contexto son solo ruido».

—¿Conoces a Avinash Kaushik? —preguntó sorprendido el Hombre de Negocios, por primera vez bajando un poco la voz.

—Lo he leído —dijo el Principito—. Él también ama los datos. Pero advierte que, si no entiendes la historia que hay detrás, solo haces reporting, no aprendes.

El hombre no respondió. Miró su vaso. Luego alzó la vista.

—¿Y qué propones entonces?

—Que no olvides a las personas detrás del porcentaje —dijo el Principito—. Que cuando hables de tasas de apertura, pienses en quién decidió abrir ese correo. Que cuando midas la conversión, te preguntes qué historia hizo clic antes que el botón.

—Yo optimizo —se defendió el hombre—. Mejoro las ratios. Uso embudos.

—Claro —asintió el Principito—. El embudo es útil. Descubrimiento, consideración, acción, fidelización. Lo enseñan todos: desde Kotler hasta Cialdini.

—¡Kotler! —interrumpió el hombre—. El padre del marketing. Él sí que tenía estructura.

—Sí —dijo el Principito—. Pero también fue él quien habló del marketing 3.0, y luego del 4.0 y 5.0. El marketing que ya no solo vende, sino que cuida, que conecta, que tiene alma. El mismo que tú no has querido poner en práctica porque ya no cuantifica.

El hombre calló. Quizá lo había subestimado.

—Y Byron Sharp —continuó el Principito— no solo defiende la penetración de mercado. También dice que las marcas deben ser mentalmente accesibles. Estar presentes en la mente y en la vida real. Pero eso no lo haces solo con retargeting, lo haces tocando algo más profundo.

—¿Y cómo mides eso?

—No siempre lo mides. A veces lo escuchas. A veces lo intuyes. Como cuando haces una prueba A/B y ganas clics, pero pierdes sentido. O como cuando eliges una campaña por su tasa de engagement, pero no por lo que dejó sembrado en quien la vio.

El Hombre de Negocios contuvo la respiración y se quedó pensando.

El Principito sacó entonces una hoja y la deslizó por la mesa. Tenía escrito algo con lápiz:

«Una métrica puede decirte cuántos llegaron, pero solo una historia puede explicarte por qué se quedaron.»

—No digo que abandones tus números —añadió—. Solo que recuerdes que detrás de cada dato hay una decisión, una emoción, una persona que un día confió. Que un KPI puede guiarte, pero no puede quererte.

El Hombre de Negocios tomó la hoja y la guardó en su carpeta, entre un informe trimestral y un análisis de conversión. No dijo nada. Pero antes de que el Principito se marchara, hizo algo que no solía hacer: cerró el portátil.

Solo por unos minutos. Pero lo cerró.

Marcas que cerraron el Excel para abrir los ojos

No todas las marcas viven atrapadas en las celdas de un Excel infinito.

Algunas, como el Hombre de Negocios, un día se dieron cuenta de que sumar no era comprender. Cerraron la hoja de cálculo, al menos por un tiempo, y se atrevieron a mirar más allá del dato. A preguntarse por el vínculo, no solo por la conversión. Y al hacerlo, cambiaron la forma de comunicarse y de ser elegidas.

Unilever fue una de ellas. Durante años priorizó la eficiencia, con una arquitectura de marca orientada a la rentabilidad y a las ratios de penetración, un portafolio de marcas optimizado, así como decisiones guiadas por rentabilidad y cuota de mercado. Pero algo cambió. En lugar de seguir vendiendo productos en masa con campañas centradas solo en atributos funcionales, decidió hablar de lo que les importaba a sus consumidores: propósito, representación, diversidad. Fue con su marca Dove, por ejemplo, que dejó de medir solo awareness para preguntarse cómo sus anuncios hacían sentir a las mujeres. El KPI ya no era solo «alcance», era «autoestima». Con estudios cualitativos, análisis emocionales y escucha activa, construyó campañas que, más que *likes*, generaron conversación honesta. Abrió los ojos y se quedó en el corazón.

Pero no fue solo Dove. Lifebuoy, su marca británica de jabones, conocida como la marca de «los jabones salvavidas», se convirtió en una bandera de salud pública en países en desarrollo: lanzó campañas educativas sobre higiene de manos, trabajó con ONG y priorizó el impacto sobre el retorno. También Knorr, su marca de caldos y sopas, empezó a hablar de sostenibilidad y agricultura regenerativa, conectando el alimento con el origen. Y Hellmann's impulsó campañas globales contra el desperdicio alimentario bajo el lema: «Make taste, not waste» ("Crea sabor, no desperdicios"). De medir la notoriedad pasaron a medir el cambio.

Danone también puso distancia con las hojas de cálculo. Aunque durante años se apoyó en métricas duras de distribución y consumo, decidió recalibrar su brújula. Apostó por el concepto de «empresa con propósito», certificándose como «B Corp» a nivel global, incorporando criterios de salud y sostenibilidad en su negocio. Ya no solo analiza ventas por categoría, sino que evalúa el impacto nutricional y social de lo que pone en los supermercados. Su comunicación, antes centrada en beneficios funcionales como «digestión» o «energía», empezó a hablar de bienestar integral, comunidad, infancia, alimentación consciente. Y lo hizo desde la escucha, no desde la segmentación automática.

Airbnb fue otra que tuvo que escapar de las celdas del Excel. Su crecimiento logarítmico estuvo marcado por métricas agresivas: CAC, LTV, expansión por ciudades. Pero cuando la pandemia paralizó el turismo, entendieron que la clave no era escalar, sino escuchar. Cerraron campañas automáticas, redujeron el 90 % de su inversión en performance marketing, pausaron la publicidad programática y rediseñaron su propuesta desde lo humano. Lanzaron mensajes como «Belong anywhere» ("Pertenece a cualquier parte"), que no vendían noches, sino pertenencia. Su recuperación no vino solo por un buen Excel, sino por una comunicación empática, flexible, centrada en la confianza. El vínculo se convirtió en valor. Y eso no se mide con clics.

Porque estas marcas, cada una a su manera, entendieron algo esencial: medir es útil, pero sentir es imprescindible.

No se trata de borrar el Excel, sino de no dejar que sea lo único que guía el camino.

Cerraron la hoja. Y abrieron los ojos.

Reflexión del Principito: «Del número al sentido»

El Principito volvió a mirar el planeta desde lo alto. Desde allí, las columnas de datos parecían ríos secos, y los gráficos de barras, escaleras que no llevaban a ninguna parte.

Pensó en el Hombre de Negocios, tan ocupado sumando estrellas que había olvidado mirarlas. Tan enfocado en las tasas, que ya no veía las historias. Porque hay una manera de mirar el mundo —y a las personas— que lo reduce todo a cifras. Y otra que lo multiplica en significado.

No es que los números sean malos, pensó el Principito, es que se vuelven peligrosos cuando olvidamos qué representan.

Apuntó en su cuaderno:

«Una tasa de conversión no es un porcentaje: es una decisión tomada entre dudas.
Un clic no es una métrica: es un gesto de curiosidad, de deseo o de miedo.
Un carrito abandonado no es una pérdida: es alguien que se distrajo, se arrepintió o no pudo permitírselo.»

Definitivamente, el error no era contar. El error era olvidar qué estamos contando. Porque detrás de cada dato hay alguien. Y si una marca no lo recuerda, puede tener todas las respuestas, pero estar haciendo las preguntas equivocadas.

El Principito cerró su cuaderno, respiró hondo y se permitió una sonrisa. El Hombre de Negocios no había prometido cambiar. Pero al despedirse, le había hecho una pregunta. Solo una.

—¿Y tú cómo sabes que algo importa... si no lo puedes medir?

No fue una objeción. Fue una duda. Y en ese planeta, tan lleno de respuestas automáticas, una pregunta sincera ya era un milagro.

Y antes de seguir su viaje, el Principito escribió:

«Algunas marcas viven pendientes del último decimal. Otras aprenden a leer entre líneas y entre silencios. Las primeras suman cifras; las que importan, suman vínculos.»

5

El Planeta del Farolero:
El Marketing Automatizado

El Principito no volvió la vista atrás. Intuía que el camino que realmente importa es el que se va abriendo mientras uno sigue preguntando. Estaba feliz porque, hasta ahora, en todos los planetas que había visitado no solo había encontrado respuestas, también había sembrado nuevas dudas y dejado un pedacito de su manera de mirar el mundo.

Esta vez, fue el viento quien lo arrulló hasta el siguiente destino. Aterrizó en un planeta con una luz extraña, como si algo —o alguien— estuviera encendiéndose y apagándose sin parar.

Todavía no sabía qué encontraría allí. Pero presentía que lo que estaba en juego esta vez no era el poder, como en el planeta del Rey; ni la arrogancia, como en el del Vanidoso; ni la evasión, como en el del Bebedor; ni siquiera los números, como en el del Hombre de Negocios.

Esta vez, lo que parecía estar en juego era algo más silencioso: la rutina, esa extraña costumbre de repetir sin preguntarse por qué.

El marketing del interruptor: encender no es iluminar

Apenas aterrizó, lo saludó una voz enlatada:

«Gracias por su llegada. Iniciando protocolo de bienvenida.»

Era un planeta pequeño, pero no vacío. Estaba dividido en sectores perfectamente simétricos. Cada sector tenía una farola, y cada farola, una hora asignada. Aunque decir «hora» era pasarse: en ese planeta, el día duraba apenas un minuto. Al poco de encender una farola, ya tocaba apagarla. En cuanto se apagaba, ya era hora de encender la siguiente.

El Principito vio desde lejos al Farolero, caminando en línea recta, girando en ángulo exacto, subiendo tres escalones para apagar una farola, bajando otros tres para encender la siguiente. Repetía esos movimientos con una precisión casi poética, como quien no vive el día, sino que lo recita de memoria.

Vestía un uniforme gris humo con bolsillos perfectamente cosidos, uno para cada herramienta, y en el cinturón llevaba el protocolo plastificado, para no olvidarlo nunca.

El suelo era de piedra pálida, y en él se notaban las marcas de la costumbre: una línea brillante y gastada marcaba el camino exacto por el que el Farolero había pasado una y otra vez durante años. Allí donde pisaba siempre, la piedra estaba pulida, como si el tiempo también obedeciera a la rutina.

La vida entera del Farolero estaba regida por una consigna simple, repetida como un mantra: «Aquí se enciende. Aquí se apaga. Aquí no se cuestiona.» A cada acción, le seguía otra. A cada paso, el siguiente.

—¿Por qué la enciendes y la vuelves a apagar? —preguntó el Principito.

—Porque toca —respondió sin fruncir el ceño—. Es la consigna.

—Y si un día no lo hicieras, ¿qué pasaría?

—No lo sé, nunca ha sucedido. Ni sucederá. Siempre se ha hecho así.

Las señales para guiar la acción sonaban cada sesenta segundos: un zumbido corto, seco, que marcaba el inicio de cada ciclo. En los postes, había pegatinas que recordaban: «Si duda, consulte el protocolo». Y en el suelo, pequeñas marcas de pintura blanca indicaban exactamente dónde debía colocarse el Farolero al accionar cada interruptor. La costumbre tenía dirección. Y la dirección era circular, iba en bucle más bien.

Y allí el Principito entendió que este planeta estaba gobernado por el hábito, por la repetición sin pregunta, por la costumbre que se convierte en regla inquebrantable. Y no pudo evitar pensar en algunas marcas que hacen lo mismo todos los días porque «siempre se ha hecho así», que repiten mensajes sin alma, lanzan campañas sin sorpresa o programan contenidos sin escucha, siempre el mismo día, a la misma hora y del mismo modo.

Marcas que no comunican porque solo emiten, que no preguntan porque solo programan. En definitiva, que no iluminan con sus acciones.

Y ahí comprendió que la mayor rutina no es hacer siempre lo mismo, es hacerlo sin sentido.

Cuando repetir se parece a desaparecer

El Principito, tras observar la rutina exacta del Farolero —encender, apagar; encender, apagar—, anotó en su cuaderno con letra pequeña pero decidida:

«*No toda acción ilumina. A veces, simplemente se repite.*»

Fue entonces cuando comprendió el marketing del interruptor. Ese que, como el Farolero, ejecuta por reflejo, no por sentido, y que funciona sin preguntarse a quién alumbra ni si aún hace falta luz.

Y recordó entonces a algunas marcas que, sin mala intención, habían caído en el mismo ciclo que parecía regir este planeta: hacer porque siempre se hizo, actuar porque tocaba.

Domino's Pizza fue, durante años, un ejemplo perfecto de cómo la repetición puede apagar incluso el mejor de los impulsos. Acostumbró a sus clientes al célebre «2x1 en todas las pizzas medianas», cada martes y cada jueves, sin excepción. Dichos días lo comunicaban religiosamente por todos los canales: *emails*, notificaciones móviles, banners, redes sociales... El patrón era tan predecible que quien quería pizza ya no decidía cuándo comprarla, simplemente esperaba al día de la promoción. Así, lo que comenzó como una estrategia de fidelización, terminó por crear un hábito condicionado porque los clientes no compraban más, solo compraban cuando sabían que habría oferta. La marca no construyó deseo, sino calendario. Activó una máquina de consumo previsiblemente lineal, donde el canal permanecía encendido, pero la relación emocional se apagaba.

Con el tiempo, y antes de que el automatismo les jugara en contra, Domino's intentó recuperar el pulso e introducir sugerencias basadas en pedidos anteriores, recetas temáticas y promociones sorpresa sin ritmo fijo. Quiso romper la monotonía del calendario y volver a encender el deseo que la repetición había dejado en estado de hibernación.

Durante años, H&M también se dejó llevar por la comodidad del automatismo, enviando newsletters casi idénticas: una modelo sonriente en portada, una sección de «novedades», otra de «ofertas exclusivas» y un cierre con un «20 % hoy» bien visible. No importaba si habías comprado la semana anterior, si vivías en Barcelona o en Buenos Aires, si buscabas inspiración o simplemente querías darte de baja: el correo llegaba puntual, predecible, inmutable.

A nivel técnico, todo era correcto: campañas automáticas, buena ratio de apertura, eficiencia operativa. Pero a nivel emocional, era como encender una farola en un lugar vacío, pues nadie las necesitaba. Y las campañas, de tan previsibles, se convirtieron en invisibles.

Consciente de este desgaste, H&M comenzó a cambiar el guion: personalizó sus campañas según ubicación e historial de compra, adelantó rebajas en fechas no previsibles y lanzó colecciones temáticas que hablaban de diversidad, sostenibilidad o colaboraciones artísticas. Y estas actuaciones tan fuera de protocolo reactivaron una chispa dormida en sus seguidores.

Otra marca que cayó en el marketing del interruptor fue Groupon. Nació para conectar negocios locales con nuevos clientes a través de descuentos irresistibles y ofrecía promociones flash en productos y servicios de todo tipo —desde masajes y cenas *gourmet* hasta escapadas de fin de semana, talleres o tratamientos estéticos—. Lo que empezó como una forma innovadora de dinamizar el consumo, pronto se volvió predecible y extenuante: varias veces al día, el usuario recibía un *email* con nuevas promociones, siempre urgentes y en cuenta regresiva. Y tanta insistencia terminó siendo contraproducente, ya que la sobreexposición agotó la emoción, porque las bandejas de entrada se saturaban y todas las ofertas, aunque distintas, se parecían en su forma: urgentes, verticales, sin pausa ni intención narrativa. Y lo que debería ser sorpresa diaria, se convirtió en ruido que el usuario empezó a ignorar.

Ante esto, la empresa tuvo que intentar reconectar desde otro lugar, introduciendo supervisión editorial, recomendando los planes más valorados en cada barrio, reduciendo la frecuencia de envíos y segmentando la comunicación por intereses y hábitos reales. De enviar por enviar, pasó a sugerir con intención. De encender el farol porque tocaba, a encender cuando creía que el usuario necesitaba luz.

El Principito, mientras el farol se encendía y se apagaba una vez más con su chasquido seco y sin sentido, escribió en su cuaderno:

«La repetición sin sentido apaga más que alumbra.
Si todo se enciende por sistema, nada brilla de
verdad.»

Porque entendió que el problema no es repetir, es repetir sin preguntarse por qué. Y así aprendió que muchas marcas no se apagan por falta de recursos, sino por exceso de rutina. Por pensar que basta con estar y por olvidar que encender no es lo mismo que iluminar.

Los protocolos que aplicaba el Farolero

El Farolero no improvisaba: seguía protocolos sin cuestionarlos. Eran su brújula y su refugio. Vivía rodeado de manuales con portadas sobrias y subtítulos que prometían escalabilidad, eficiencia y rendimiento. No eran libros para inspirar, sino para programar. Los había leído tantas veces que las esquinas se doblaban siempre por el mismo ángulo, y los párrafos subrayados coincidían exactamente con sus actos.

Uno de sus textos de cabecera era *Marketing Automation for Dummies* ("Automatización del marketing para tontos"). No le parecía ofensivo en absoluto, sino tranquilizador. Allí aprendió que automatizar era una virtud y que, si algo funcionaba una vez, debía repetirse hasta que las métricas dijeran lo contrario. En los márgenes había anotado: «La disciplina ahorra decisiones». Para él, el marketing automatizado era como un farol programado para encenderse solo: fiable, puntual y sin necesidad de pensar.

También citaba con reverencia a Scott Brinker, creador del célebre Marketing Technology Landscape (MarTech), un mapa de más de diez mil herramientas de automatización y segmentación. Lo veía como un sistema solar en el que cada herramienta giraba en su órbita perfecta. Para el Farolero, ese mapa era la prueba de que, para cada tarea, existía una máquina capaz de hacerla. Lo único que debía decidir era qué órbitas seguir.

En su planeta, un día decidió vender protectores de cristal para faroles, indispensables para que las ráfagas de viento espacial no apagaran la llama. Siguiendo sus manuales al pie de la letra:

1. Segmentó a todos los dueños de faroles mediante una base de datos minuciosa creada con ayuda de su mapa del MarTech.
2. Diseñó una campaña de goteo de siete mensajes: el primero mostraba un farol reluciente y protegido; el segundo, un breve truco para limpiar el cristal sin rayarlo; el tercero, una prueba A/B para encontrar la imagen más atractiva; el cuarto, una oferta limitada del 10 %; los tres últimos reforzaban la urgencia con testimonios automatizados de «clientes» que hablaban de cómo su farol nunca se había apagado desde que usaban el protector.

Todo estaba programado para que, siguiendo el consejo de Kotler, la compra se produjera «sin vender», dejando que la necesidad pareciera obvia antes de presentar la solución.

A veces, hojeaba *La vaca púrpura,* de Seth Godin. No le interesaba tanto la creatividad como la parte sobre crear hábitos perceptivos. Subrayó: «Hazlo igual cada vez hasta que te reconozcan antes de hablar». Por eso, todos los mensajes de su campaña salían a la misma hora exacta, para que los vecinos supieran que, justo en ese instante, su bandeja de entrada recibiría el recordatorio. Otro día, lanzó un segundo producto: guías de mantenimiento programado para faroles. No vendía repuestos ni reparaciones, sino un paquete de instrucciones ilustradas que explicaban, semana a semana, cómo cuidar la lámpara para que nunca fallara. El producto era tan metódico como él:

• En la primera fase, enviaba un correo con un cuestionario automatizado para conocer el «historial de mantenimiento» de cada farol.

• Luego, un algoritmo elegía una de tres rutas posibles y programaba envíos semanales con instrucciones precisas: desde revisar la mecha cada quince días hasta cambiar el aceite cada noventa.

• Una vez al mes, los suscriptores recibían un «informe de salud» del farol, generado automáticamente, con gráficos y consejos para la próxima revisión.

Incluso citaba a Dan Ariely, autor de *Las trampas del deseo*, para justificar este método: las personas tienden a repetir patrones previsibles, y si este consistía en seguir su guía al pie de la letra, no había margen para que fallaran. Para el Farolero, no había emoción más fiable que la que se repite por protocolo. Entre flujos automatizados, timings exactos y campañas por goteo, se convencía de que repetir era iluminar, porque en su planeta la rutina era sinónimo de eficacia. Y estaba seguro de que, si algo encendía la atención una vez, debía repetirse hasta el infinito.

Lo que no había leído —o había ignorado— era el pie de página que muchos de esos libros traen al final:

«Automatizar sin pensar es como hablar sin escuchar.»
Pero eso no estaba en sus protocolos. Estaba en otro
cuaderno mucho más pequeño, sin índice, con dibujos de
planetas, rosas y baobabs, el que llevaba el Principito
bajo el brazo.

El algoritmo interior: cuando la marca soy yo

En el planeta del Farolero también había personas que
intentaban construir su marca personal. El Principito notó que, a diferencia de otros mundos, aquí no abundaban
los que buscaban el centro del escenario o el aplauso
constante. Aquí el problema era otro: la repetición.

No era vanidad. Era costumbre.

Publicaban porque tocaba. Respondían porque de-
bían. Mantenían su presencia como quien mantiene una
lámpara encendida, aunque ya no ilumine nada.

En este planeta, el Principito imaginó al Metrónomo
Humano, un personaje que todos reconocerían sin haberlo visto jamás. No daba discursos, no pedía reconocimiento, pero su presencia era invariable. Día tras día.
Post tras *post*. *Reels*, directos, historias, mensajes. Su
calendario no conocía pausas. No se movía por inspiración, sino por programación. Y, sin embargo, algo en él
no brillaba. Su marca personal no era un espejo ni un
estandarte. Era un reloj.

Ahí entendió que el riesgo no siempre es el ego, a veces, es la inercia.

Muchas personas comienzan su marca personal con entusiasmo. Comparten una pasión, una visión, una historia.

Pero el pulso del algoritmo, la expectativa externa y el miedo a desaparecer terminan sustituyendo el sentido por la rutina. Lo que empezó como una expresión viva se vuelve un hábito mecánico. Ya no actúan como quienes son, sino como lo que creen que se espera de ellos. No publican porque tienen algo que decir, sino porque el calendario lo exige. Eso, pensó el Principito, no es constancia. Es automatismo.

Pero, como en otros planetas, también aquí supo ver caminos más humanos. Personas que han aprendido a sostener su voz sin perder su frescura. Que entienden que la presencia no es cuestión de frecuencia, sino de propósito.

Pensó, por ejemplo, en Elvira Lindo, que nunca ha convertido su presencia en un protocolo. Su voz es reconocible pero no predecible. Creadora de Manolito Gafotas, ha llevado esa mezcla de humor, ternura y verdad también a su forma de estar en el mundo. No necesita ser omnipresente para estar presente: escribe columnas, participa en conversaciones, publica libros, pero nunca lo hace para cumplir con una cadencia externa. Lo hace cuando tiene algo que decir.

Y también se acordó de Andreu Buenafuente, que ha sostenido una carrera larguísima sin convertirse en un personaje repetido. Cambia de formato, explora nuevos lenguajes, pero siempre desde un humor consciente, desde una curiosidad que no se deja domesticar por el ritmo. Su presencia no es automática: es la consecuencia de alguien que sigue preguntándose por qué está ahí.

Y entonces el Principito lo vio con claridad: una marca personal no se apaga por descansar, se apaga por desconectarse de sí misma.

Antes de marcharse, no escribió nada en su cuaderno. Solo dibujó en el aire unas palabras, como quien prende una luz suave:

«La constancia no es repetir, es recordar para qué empezaste.»

Mientras tanto, el Farolero seguía encendiendo, pero, por primera vez, parecía hacerlo porque quería, no solo porque tocaba.

Instrucciones para no apagar la chispa

El Principito quería hablar con el Farolero, entenderle de verdad, hacerle preguntas, compartirle dudas e incluso invitarlo a detenerse un rato para pensar. Pero fue técnicamente imposible porque cada minuto, sin falta, el Farolero tenía que encender un farol. Y, al siguiente, apagarlo para encender otro. Así que el diálogo fue un paseo con pausas, con frases que se cortaban por la mitad y respuestas que llegaban como ráfagas.

—¿Siempre haces lo mismo? —preguntó el Principito, caminando a su lado mientras él subía al farol.

—Sí. Es lo que se espera —dijo el Farolero mientras lo apagaba.

—¿Y te preguntas por qué lo haces?

—No hay tiempo. Toca encender. —Y bajó de nuevo.

Durante un rato, el Principito lo siguió en silencio. No necesitaba mirar por dónde iba: sus pies ya sabían el camino. No era que avanzara. Era que ejecutaba, como quien respira sin darse cuenta.

Y entonces, sin que nadie lo pidiera, el niño de la bufanda empezó a decir en voz baja algunas frases. No eran instrucciones, ni críticas, solo pensamientos sueltos, como si hablara consigo mismo, pero sabiendo que el Farolero —de tanto en tanto— alcanzaba a escucharlos entre paso y paso de su rutina.

—La costumbre no es siempre señal de conexión —susurró—. A veces, solo es un mecanismo sin alma.

El Farolero no respondió. Pero se detuvo medio segundo más antes de apagar.

—Automatizar no está mal —añadió luego—, si no olvidas lo que encendió la chispa la primera vez.

A modo de respuesta, el Farolero murmuró: «Lo hago porque siempre se ha hecho así...».

—Y por eso —continuó el Principito—, si puedes predecir tu próxima acción con un calendario, quizás no sea una historia que genere interés, sino solo una consigna.

El Farolero caminó con paso más lento.

—Encender es fácil —dijo entonces el niño—. Pero iluminar... iluminar es otra cosa.

Entonces se detuvo. Como si recordara algo que había leído o escuchado en otro planeta. Y mirando al cielo, comentó:

—Hay un autor llamado Seth Godin que dice que «el marketing ya no trata de las cosas que vendes, sino de las historias que cuentas». Pero tú no estás contando una historia, estás repitiendo un horario.

El Farolero torció apenas el gesto.

—Otra autora, Ann Handley, escritora superventas del *Wall Street Journal* y reina del marketing de contenidos, habla de la importancia de ser útil, generoso y humano en cada mensaje a través de narrativas interesantes. Y tú, sin darte cuenta, repites sin escuchar si al otro lado todavía hay alguien esperando luz... o solo esperando que termines.

Apagó y encendió el farol una vez más. Pero cada vez caminaba con menos inercia. Se detenía unos segundos entre paso y paso. Como quien empieza a pensar.

Y justo antes de irse, cuando el Farolero volvió a mirar el cielo, aunque solo fuera un instante, el Principito dijo la última frase:

—Los algoritmos pueden medir el clic. Pero no la chispa.

Y ahí, por primera vez, el Farolero hizo algo distinto: se llevó la mano al cinturón, donde guardaba su protocolo plastificado, y se quedó mirándolo. No lo rompió, ni lo tiró, pero lo miró como quien, por fin, empieza a preguntarse si todo lo escrito ahí, sigue teniendo sentido.

El Principito sonrió y, sin necesidad de anotar nada en esta ocasión, comprendió que, a veces, un solo gesto puede ser el principio de una luz nueva.

Faroleros que dejaron de obedecer

No todos los faroleros siguen eternamente encendiendo y apagando por rutina. Algunos, un día, se cuestionan el guion que estaban siguiendo sin pensar y se atreven a preguntarse por qué hacían lo que hacían, e incluso a cambiar lo preestablecido cuando llegan a comprender que repetir puede ser eficiente, pero no siempre suficiente.

Una de esas marcas fue KLM. Durante años fue una aerolínea correcta y eficaz pero fría. Sus comunicaciones no tenían alma: «Tu vuelo está confirmado», «Recuerda tu maleta», «Consulta las condiciones del país de destino». El punto de inflexión llegó cuando comprendieron que volar no es solo desplazarse, es irse, volver, reencontrarse, dejar algo atrás. Y entonces decidieron hablar menos como robots y más como humanos.

Fueron pioneros en ofrecer atención personalizada en redes sociales, firmando cada respuesta con nombre propio, en más de diez idiomas, las 24 horas. Cada mensaje de ayuda era directo, empático y pensado para quien lo leía, no para cumplir un protocolo.

Durante la pandemia, sus comunicaciones se volvieron aún más humanas: vídeos con rostros reales del equipo, mensajes explicando reglas locales en tono cercano y contenido útil, sin adornos innecesarios. «Sabemos que volar hoy da miedo. Estamos aquí para ti», decían. Y era verdad. De un marketing impulsado por programación, pasaron a uno guiado por la empatía. No dejaron de ser eficientes, pero dejaron de sonar automáticos. KLM entendió que un buen algoritmo puede organizar un vuelo, pero solo una voz humana puede dar paz antes de subir a bordo.

También lo hizo Adobe. En el pasado, se comportaba como muchas empresas de *software*: correos masivos para renovaciones de licencia, campañas automatizadas de *upgrades*, *emails* del tipo «Tu prueba caduca en 3 días»... Todo, cómo no, con un lenguaje técnico, funcional y sin alma, tratando a creativos como a clientes a los que no les importa la creatividad. Pero Adobe despertó, y en lugar de seguir enviando correos sin emoción, empezó a hablarles desde su mundo: creó Adobe Create, una plataforma de contenidos, historias y recursos que celebraba el trabajo de diseñadores, fotógrafos, cineastas y artistas, y lanzaron campañas como «Creativity For All» y colaboraciones con artistas reales, en todos los formatos, desde cortometrajes hasta murales. Es decir, en lugar de presionar para que compraras el producto, te mostraban lo que podías crear con él. Y el resultado fue potente: bajaron la repetición automática y activaron campañas vivas, dejando de ser una marca de *software* para convertirse en una marca de ideas.

Y luego está el caso de Sephora. Temporadas y temporadas enviando a los clientes en su base de datos correos tan previsibles como el ritmo del Farolero: lunes, fragancia; miércoles, nuevo esmalte; viernes, 20 % de descuento. Un catálogo bonito pero impersonal, como un escaparate sin alma. Hasta que decidieron cambiar. Lanzaron campañas como «We Belong to Something Beautiful», donde hablaban de inclusión, identidad y autoestima, con modelos reales y mensajes que conectaban con pieles, géneros y estilos diversos, y, además, en su *app* y sitio web empezaron a ofrecer experiencias personalizadas: recomendaciones según hábitos, *looks* sugeridos según el tipo de rostro, y hasta tutoriales basados en lo comprado o buscado. Dejaron de seguir el protocolo para empezar a hablar con complicidad.

KLM, Adobe y Sephora dejaron de actuar por consigna. Renunciaron a hacer «lo de siempre» solo porque siempre había funcionado y empezaron a encender el farol menos veces, pero con más intención.

El Principito, anotando todo con su caligrafía elegante, lo escribió así:

«A veces basta con cambiar una pregunta. No es "¿Qué tengo que comunicar esta semana?", es "¿A quién quiero hablarle hoy, y por qué?".»

Porque incluso en un planeta gobernado por la rutina, hay quienes apagan el piloto automático y eligen volver a mirar.

Reflexión del Principito: «De la rutina a la llama»

El Principito se alejó del planeta del Farolero caminando despacio, como quien aún escucha el eco de los pasos de otro. No se llevó una conversación entera —porque hablar con alguien que nunca se detiene es casi imposible—, pero sí se llevó una pregunta encendida:

«¿Y si repetir sin pensar apaga lo que un día se encendió con sentido?»

El marketing del interruptor le había enseñado algo valioso: automatizar no es un pecado, pero automatizar sin sentido es un riesgo. Porque quien solo sigue el protocolo termina desconectado del porqué. Es decir, el problema no está en la automatización —que a veces ayuda—, sino en olvidar lo que se automatiza, en programar la luz para que se encienda sin saber si hay alguien en la habitación.

Y lo escribió en su cuaderno, como una pequeña advertencia para marcas con buenos productos pero rutinas demasiado largas:

«Una marca no se apaga cuando deja de mandar correos, se apaga cuando los manda sin pensar a quién los manda. Cuando ya no escucha, ni cambia, ni se pregunta si sigue iluminando a alguien... o cuando solo está cumpliendo con un protocolo que nadie recuerda por qué empezó.»

Y justo antes de cerrar la página, anotó una última línea, con letra más suave:

«Encender es un acto técnico, pero alumbrar... alumbrar es una decisión.»

Y con eso en el corazón, el Principito volvió a mirar el cielo. No por rutina, sino por si algo —como una chispa— volvía a brillar.

6

El Planeta del Zorro: El Marketing Relacional

El Principito no tenía un rumbo marcado. Pero cuando uno busca vínculos, el camino lo encuentra solo.

Después de visitar planetas llenos de rutinas, cálculos y estrategias automáticas, sentía que algo le faltaba. Había visto poder, número, repetición..., pero no había sentido aún el calor de una relación verdadera.

Fue entonces cuando llegó a un planeta distinto a todos los anteriores. Era pequeño, casi modesto, pero tenía algo que ninguno de los otros tenía: una calma que invitaba a bajar la guardia. La tierra era cálida y olía a hojas secas; el viento, suave como un susurro antiguo, movía apenas unas hierbas doradas que parecían inclinarse con respeto. No había grandes montañas ni edificios, solo un claro abierto donde el silencio no pesaba, respiraba.

El Principito siguió una corazonada, de esas que no vienen del viento ni de una brújula, sino de dentro. Avanzó despacio, sintiendo que aquel lugar no pedía ser descubierto, sino visitado con delicadeza. Y fue entonces cuando lo vio.

En ese rincón de tierra tibia, un Zorro lo esperaba sin prisa, como quien sabe que lo importante tarda, y que está bien que sea así porque la propia tardanza lo hace más especial aún.

No había eslóganes. Ni descuentos. Ni mensajes llamativos. Solo tierra blanda, aire en calma y una mirada paciente.

El Zorro no vino con prisa ni promesas. No traía algo que ofrecer ni algo que pedir. Simplemente se acercó. No para hablar, y mucho menos para vender. Se acercó simplemente para estar.

Y ahí, sin pedirlo, comenzó la lección más delicada que el Principito había recibido hasta entonces: una lección sobre la espera, la reciprocidad y el marketing que no interrumpe ni impacta, sino que acompaña.

El marketing del lazo: conectar no es atrapar

El Zorro no hablaba mucho, pero cada palabra parecía llevar dentro un pequeño mundo.

Tras un rato de silencio compartido, dijo al Principito:

—Ven mañana a la misma hora. Si vienes cada tarde a las cuatro, desde las tres empezaré a ser feliz.

Y entonces el Principito comprendió que los vínculos no se construyen con grandes gestos, sino con constancia emocional. Que una marca, igual que una amistad o una relación amorosa, no se impone, sino que se cultiva. El Zorro no usaba automatismos, ni promociones, ni lead magnets. No sabía lo que era un embudo de conversión, y tampoco le importaba. Pero sabía que un vínculo necesita algo más que atención: necesita intención. Solo dos letras de diferencia y, sin embargo, separan a quien pasa por tu vida de quien decide quedarse, porque cambian el sentido desde la raíz; la atención oye, mientras que la intención escucha.

—Si me domesticas, nos necesitaremos —le dijo el Zorro—. Y si yo te domestico, te haré único en el mundo.

Y ahí el Principito comprendió que el verdadero marketing relacional no busca atrapar, sino reconocer. No busca generar dependencia, sino construir sentido juntos.

A lo largo de su viaje, el Principito había visto marcas que confundían la fidelización con la captura. Programas de puntos, membresías, beneficios por permanencia... Pero todo eso, aunque sonara a recompensa, muchas veces eran formas disimuladas de control.

De hecho, cada vez más marcas convierten la relación con sus clientes en un sistema cerrado: si compras, ganas; si no, te vas. Te doy descuentos si sigues, pero dejo de mirarte si te vas. Se comportan como quien te encierra en una jaula de oro y lo llama «compromiso».

Pero el Zorro le enseñó otra cosa. Enseñó que fidelizar no es atrapar, sino invitar.

Que construir un vínculo no es exigir presencia, sino hacerse presente.

Que lo que hace única a una relación no es su frecuencia, sino su sentido.

En su cuaderno, el Principito escribió con letra pequeña, como si no quisiera romper el equilibrio del planeta:

*«Hay quien construye jaulas con sus beneficios, y
quien construye confianza con su espera.»*

Porque en ese lugar sin algoritmos ni promesas urgentes, el niño de la bufanda había descubierto algo esencial:
el lazo no se mide por lo que se ofrece, sino por lo que se
cuida; el marketing relacional no es una técnica, es una
forma de estar.

Y mientras el sol bajaba despacio, el Principito sintió
que ahí, por fin, había algo más que estrategia: había relación.

Cuando el lazo se convierte en jaula

El Principito empezaba a intuirlo: algunas marcas no buscaban acompañar al cliente, sino atarlo, encerrarlo, rete-
nerlo incluso en contra de su voluntad. Incluso podía
darse el caso de que ellas mismas no se dieran cuenta,
pero en el fondo es lo que provocaban.

El Zorro, con su calma antigua y su sabiduría sin prisas, le había explicado que domesticar no es poseer, sino
crear lazos. Pero, en el universo del marketing, ese matiz
a veces se olvida... y esos lazos pueden convertirse en
tristes jaulas en las que quizá hay afecto, pero claramente
sobra control.

El niño pensó entonces en aquellas veces en que había
sentido que no podía irse de un sitio, que no podía cambiar. No porque lo amara y no quisiera hacerlo, sino porque no quería perder los beneficios o los privilegios que el

tiempo compartido hasta entonces le brindaba, o incluso porque no sabía cómo despedirse o ni siquiera encontraba la puerta de salida sin tener que saltar tres alambradas. Eso no era vínculo, era encierro.

En el mundo de las marcas pasa lo mismo. Hay empresas que, en nombre de la fidelización, construyen sistemas que parecen vínculos, pero que en realidad son cadenas.

No te invitan a quedarte: te impiden irte.

No te escuchan: te retienen.

No te acompañan: te condicionan.

El Zorro, mientras jugaba con una brizna de hierba, lo resumió con una frase:

—Un vínculo deja de serlo cuando solo puede romperlo uno.

Y entonces el Principito recordó ejemplos claros que habían llegado a sus oídos.

Uno de ellos era Vodafone y sus célebres bajas imposibles. Durante años, la compañía ha sido señalada en medios y foros de consumidores por la dificultad que encuentran muchos clientes para cerrar su contrato. Las historias se repetían con llamadas que se alargaban durante más de una hora, transferencias de un departamento a otro, argumentarios diseñados para retener a toda costa y contraofertas que parecían más un interrogatorio que una atención personalizada. El resultado era siempre el mismo: un cliente que no se sentía escuchado, sino atrapado. Más que fidelizar, aquello acababa desgastando la relación hasta el punto de que, incluso quien se quedaba, lo hacía con un poso de desconfianza.

Pero no era un problema aislado. El Principito descubrió que algo parecido sobrevolaba todo el sector, al menos a sus gigantes históricos. Movistar, por ejemplo, ha sido criticada por la estrategia de las «permanencias disfrazadas»: promociones con «beneficios exclusivos» que, en letra pequeña, incluían compromisos de permanencia encubiertos. Lo que comenzaba como un gesto de bienvenida —un descuento, un dispositivo gratuito, un servicio extra— se convertía en una obligación que limitaba la libertad del cliente. Y cuando una relación nace de una trampa, la confianza ya está herida desde el primer día.

Incluso fuera del sector de las telecomunicaciones, el patrón se repetía. En otros planetas —o más bien, en otros mercados— también existían lazos que no dejaban que los desataras, aunque quisieras.

Amazon Prime, por ejemplo, pese a ser una de las plataformas más valoradas por su servicio y su rapidez, ha recibido críticas por el modo en que gestiona sus renovaciones automáticas. El cliente, seducido por un año de comodidad y envíos en 24 horas, a veces descubría que su suscripción se había renovado sin un recordatorio visible, algo que, para ser justos, está a la orden del día en los productos contratados online. El problema no era tanto pagar un año más como sentirse sorprendido, como si la decisión se hubiera tomado sin él. Y cuando eso pasa, la velocidad del envío ya no compensa la lentitud con la que se repara la confianza.

En todos esos casos, el lazo se rompe, porque un cliente atado no es un cliente fiel, es uno que cuenta los días para escapar.

El Principito, escuchando al Zorro, entendió que la diferencia entre fidelizar y encadenar no está en el tiempo que dura la relación, sino en la libertad que tienes dentro de ella. Y lo anotó:

«Si para quedarte tienes que renunciar a irte, no es un vínculo, es una jaula.»

El Zorro sonrió. Y con esa calma que solo tienen quienes confían, añadió:

—Si me dejas libre para marcharme, querré volver.

Las fábulas que hojeaba el Zorro

El Principito decidió quedarse un rato más en aquel planeta. Al darse cuenta de ello, el Zorro se acomodó sobre la hierba, observándole, como si no tuviera ninguna prisa. Entre sus patas delanteras, guardaba un fajo de papeles atados con un cordel.

No eran manuales ni mapas, sino fábulas y relatos que había ido reuniendo con el tiempo. Algunos se los habían contado otros zorros viajeros al calor de una hoguera; otros venían escritos en cartas enviadas por mercaderes amigos, y unos pocos los había encontrado en cofres olvidados. No eran cuentos para dormir, sino para entender cómo se construyen y se cuidan las relaciones.

—Si quieres que te explique cómo se crea un vínculo duradero, no basta con que me escuches una vez —dijo—. Tienes que venir cada día. A la misma hora. Al mismo lugar.

El Principito se sentó frente a él mientras el Zorro tomaba uno de los papeles.

—Muchos creen que fidelizar es que alguien vuelva —empezó—. Que vuelva a comprar, a comentar, a seguirte. Pero eso no es fidelidad, es repetición. O, peor aún, dependencia. Y la dependencia nunca crea un vínculo, solo necesidad.

En una de sus fábulas favoritas, el Zorro había leído lo que años más tarde Morgan y Hunt llamarían «teoría del compromiso-confianza». Decía que toda relación duradera se sostiene sobre dos pilares: la confianza, que nace de la coherencia entre lo que se promete y lo que se hace; y el compromiso, que es la voluntad de cuidar al otro incluso cuando no hay un beneficio inmediato. Cuando uno de los dos pilares falla, la relación se derrumba. Para el Zorro, aquello no era teoría, era vida puesta en práctica. Recordaba, por ejemplo, cuando ideó unas tazas de té con dos asas, diseñadas para que solo cobraran sentido si dos personas las sostenían a la vez. ¿Cómo lo hacía? En la plaza central de su planeta, que olía a hojas secas y pan recién horneado, desplegaba un toldo de tela ámbar, una mesa baja cubierta con lino y una tetera siempre humeante. No entregaba las tazas de inmediato: invitaba primero a compartir un té, dejando que la incomodidad de beber solo se transformara, poco a poco, en la calidez de hacerlo acompañado. Al día siguiente volvía a la misma hora, repitiendo el gesto hasta que aquel encuentro se volvía un pequeño ritual. Solo entonces hablaba de comprar la taza. Vendía poco a poco, sí, pero quienes se la llevaban regresaban después a invitarlo a otro té, prolongando así el ciclo del lazo.

—La confianza no se construye con una gran promesa, sino con muchas pequeñas coherencias repetidas —explicó el Zorro—. Y el compromiso no se demuestra cuando todo va bien, sino cuando te quedas incluso si no hay nada que ganar.

Pasó a otro relato, uno que hablaba de un mercader que abría siempre su tienda dejando la puerta entornada, para que cualquiera pudiera entrar sin sentir que interrumpía. Aquello le recordó las enseñanzas de Christian Grönroos y Leonard Berry sobre el marketing relacional: más que una técnica, es una filosofía donde ambas partes se reconocen, aportan valor mutuo y buscan mantener la relación a largo plazo.

—La reciprocidad es clave —añadió el Zorro—. Si uno siempre da y nunca recibe, un día deja de dar.

Fue ese principio el que aplicó cuando vendió puertas con bisagra lenta. No eran simples puertas: tardaban unos segundos en cerrarse, como un recordatorio físico de que las relaciones necesitan tiempo antes de concluir. Para venderlas, el Zorro instaló una de ellas en la entrada del centro cívico del planeta. El marco de nogal desprendía un aroma dulce, y el crujido pausado de la bisagra acompañaba las idas y venidas de quienes entraban, marcando un ritmo tranquilo que hacía que nadie tuviera prisa por marcharse. La gente se detenía por gusto en el umbral, prolongando la conversación mientras la puerta terminaba de cerrarse tras ellos. Y allí, en ese pequeño intervalo suspendido, el Zorro demostraba que una puerta también podía convertirse en un lugar para quedarse. No hablaba de precios de inmediato; escuchaba historias, preguntaba por la familia y, al final, regalaba una llave extra para un amigo, para que la experiencia se compartiera.

—La comunicación —prosiguió— es como la luz del día: no basta con que exista, tiene que llegar al otro lado. Hablar sin escuchar es como encender un farol y olvidarse de si alumbra a alguien.

En otra de sus fábulas, encontró lo que Stephen Vargo y Robert Lusch llamaron «Service-Dominant Logic» (SDL): el valor no se crea solo en la transacción, sino en la experiencia conjunta que ambas partes construyen, ya que el valor no reside en el bien *per se,* sino que se cocrea con la interacción y el uso. Por eso, al vender las puertas, no hablaba solo de la madera o las bisagras, sino de lo que ocurría cuando dos personas se quedaban conversando antes de que se cerrara. Ahí, decía, estaba el verdadero valor.

El Principito lo miraba como si hubiera descubierto una constelación nueva.

—Entonces..., fidelizar no es que alguien vuelva, sino que quiera quedarse —dijo.

El Zorro asintió.

—Exactamente. Y para eso hay que respetar su ritmo. Seth Godin lo llama «marketing de permiso»: ganar el consentimiento de los consumidores para enviarles mensajes en lugar de interrumpirles cuando tú decidas. Si presionas demasiado, rompes la confianza; si das espacio, la relación respira.

El Principito cerró el cuaderno, pero antes escribió en el dorso de su mano, para no olvidarlo:

«Una relación que solo premia, no vincula; una que escucha, sí.»

Lazos personales: cuando la marca soy yo

Mientras escuchaba al Zorro, el Principito no pudo evitar pensar en las personas. No en las grandes marcas ni en los programas de fidelización, sino en quienes, como él, saben construir lazos que duran. Personas que no venden productos, pero ofrecen lo más íntimo: su historia, su voz, su forma de estar.

En este planeta, el Principito imaginó al Tejedor de Vínculos, alguien que no mide su valor en seguidores ni en cifras, sino en relaciones que se sostienen con el tiempo. Su marca personal no es una campaña: es un telar. Cada conversación, cada gesto, cada respuesta es un hilo que se cruza con cuidado para formar algo resistente y hermoso.

El Tejedor de Vínculos no se esfuerza por gustar a todo el mundo. Sabe que un lazo verdadero no nace de la complacencia, sino de la autenticidad. Habla cuando tiene algo que decir, escucha incluso cuando no tiene respuesta, y nunca acelera un proceso que necesita su propio ritmo.

El Principito pensó en personas reales que encarnan ese espíritu. Como Sara García, científica y astronauta, que ha construido su presencia pública no desde frases huecas ni titulares efectistas, sino desde la solidez de su trabajo y su vocación. Podría haberse prestado al brillo inmediato de la vanidad, pero eligió servir de referente como mujer en un territorio aún dominado por hombres, con la claridad de quien habla desde el rigor y la pasión. No necesita adornarse para inspirar; su coherencia es su lazo. Como el Zorro, que pedía tiempo y paciencia para ser domesticado, ella enseña que los vínculos más duraderos no se construyen con promesas rápidas, sino con confianza paciente y esfuerzo prolongado. Inspirar más que impresionar, esa es su órbita.

También pensó en David Broncano, que ha tejido su marca personal fuera del molde. En lugar de disfrazarse para encajar en el escaparate televisivo, eligió mostrarse imperfecto, a veces incómodo, siempre auténtico. Su humor, lejos de buscar la risa complaciente, es un hilo que abre conversación; su curiosidad, la herramienta con la que cose vínculos inesperados. Como el Zorro, sabe que la clave no está en atrapar a todos, sino en construir un lazo con quienes se quedan. No pule cada detalle para gustar, no recita guiones previsibles: espera, escucha, improvisa. Y en esa vulnerabilidad espontánea, conecta más de lo que lo haría con cualquier manual de marketing.

El Principito lo entendió entonces: el Zorro no hablaba de estrategias ni de discursos perfectos, hablaba de la magia de los vínculos verdaderos. Y eso era exactamente lo que encontraba en Sara y Broncano: la certeza de que lo esencial de una marca personal no está en gustar, sino en hacerse esperar... y en dejar huella cuando, por fin, llega el encuentro.

Antes de marcharse, escribió en su cuaderno:

«Una marca personal no se impone, se teje como un lazo, con paciencia y con verdad.»

Instrucciones para construir lazos y no jaulas

El Principito llevaba días cruzándose con el Zorro entre los matorrales del planeta, pero nunca conseguía que se detuviera. Sabía que, para que eso ocurriera, no podía correr detrás de él ni llamarlo a gritos. Tenía que invitarlo a su manera.

Una mañana, se levantó temprano y dejó, junto a la sombra de un árbol, un pequeño mantel improvisado con hojas, dos tazas de madera y una cesta con manzanas recién recogidas. No dijo nada. Simplemente se sentó cerca, mirando el horizonte.

El Zorro, curioso, se acercó despacio.

—¿Qué es esto? —preguntó.

—No lo sé —respondió el Principito—. Creo que podría ser un buen lugar para hablar... si quieres.

El Zorro lo miró, luego miró las manzanas, y se sentó a su lado.

—Así que has aprendido —dijo—. No todos invitan. Y menos, sin apresurar.

Comieron y bebieron en silencio unos minutos, hasta que el Zorro dejó la taza sobre el mantel.

—¿Quieres saber cómo se construyen lazos de verdad? —preguntó.

El Principito asintió.

El Zorro lo resumió en cinco reglas invisibles que no escribió en ningún papel, pero que quedaron flotando entre ambos:

- No se puede domesticar a cualquiera. No todos quieren un vínculo, y eso está bien. Elegir con quién lo construyes ahorra frustraciones.
- Si me domesticas, yo también te domestico. El vínculo cambia a las dos partes. Una marca que no se deja afectar por su comunidad está destinada a perderla.
- Hay que venir cada día con sentido. La constancia sin propósito es ruido. La constancia con intención es hogar.
- Las palabras son fuente de malentendidos. Escuchar es tan importante como hablar y, a veces, más.
- Lo esencial es invisible a los ojos. Ninguna métrica puede medir el afecto real.

Cuando terminó, no dijo nada más. El Principito tampoco. Porque algunas reglas —como los vínculos verdaderos— no se explican, se viven.

Pero mientras mordía un trozo de manzana, el Principito entendió que «invisible» no significa «improvisado». Construir lazos —en la vida o en una relación empresarial— no es dejarlo todo al azar. No se trata de lanzar mensajes y esperar conexión ni de seguir un manual de fidelización al pie de la letra. Se trata de cuidar el ritmo, el tono, la atención, el gesto y, sobre todo, el respeto.

El Zorro no le ofreció fórmulas mágicas, pero sí pistas para que ningún intento de conectar se convirtiera en una trampa. Le recordó que un vínculo se construye a fuego lento, porque las prisas matan la confianza; que la repetición nunca sustituye a la presencia, y que la presencia no se programa en automático. Que sin atención no hay lazo posible, porque escuchar de verdad también es una forma de estar. Que personalizar no es poner un nombre en un correo, sino reconocer quién eres, qué necesitas y respetar tus tiempos. Que no todo lo que retiene, conecta, pues hay quien quiere seguidores y hay quien, simplemente, te hace querer quedarte. Y que un lazo auténtico no exige exclusividad, sino sentido, porque lo verdadero siempre respira libre.

Al terminar, el Principito se prometió que, si algún día construía su propia presencia, lo haría sin necesidad de atar a nadie. Que sus palabras serían puentes, no anclas. Y que, si alguien decidía quedarse, sería por lo que habían compartido juntos, no por lo que él hubiera prometido.

Porque las jaulas retienen. Pero solo los lazos conmueven.

Marcas que aprendieron a esperar

El Principito ya lo había entendido: lo contrario del vínculo no es el olvido, es la impaciencia.

Y, sin embargo, muchas marcas confunden «relación» con «respuesta inmediata». Llaman, empujan, activan campañas, premian el clic rápido, pero se olvidan de acompañar al ritmo del otro. En cuanto el usuario se distrae, lo dejan atrás.

El Zorro, en cambio, le había mostrado otra manera: la relación verdadera no exige velocidad, sino presencia. No se basa en premios, sino en promesas que se cumplen con el tiempo. El marketing relacional —cuando es honesto— no busca acelerar el deseo, sino sostener el vínculo.

—El amor no se fuerza —le dijo el Zorro—. Se cultiva.

Y entonces el Principito empezó a ver con otros ojos. No todas las marcas medían su éxito en conversiones inmediatas. Algunas, sencillamente, sabían esperar.

Una de ellas era Nike, que había comprendido que los vínculos más profundos se construyen igual que los lazos del Zorro: a través del cuidado invisible y la repetición con sentido. Durante más de veinte años fue la encargada de diseñar la pelota oficial de LaLiga, y lo hizo como quien custodia un gesto que sostiene millones de historias: el primer toque del balón. Ese instante diminuto —apenas un suspiro antes de que empiece la jugada— era tratado como una pequeña constelación en sí mismo. Cada temporada cambiaba su diseño, pero nunca su alma. Bastaba un patrón, una curva o una textura —una decisión casi invisible para la mayoría— para que cualquiera reconociera su lenguaje. No necesitaba gritar su nombre; su coherencia era suficiente.

El Principito recordó también su alianza con el F. C. Barcelona, iniciada en 1998. Nike no llegó para fabricar camisetas, sino que llegó para custodiar una identidad. Entendió que las franjas azulgranas no son simples colores, sino una memoria compartida. Que un tono puede ser un hogar. Que un pequeño matiz puede tocar el orgullo de quienes lo llevan. Y así, temporada tras temporada, no vistió a un equipo: acompañó un sentimiento. Escuchó antes de crear, respetó antes de innovar. Los símbolos verdaderos no se conquistan, se cuidan.

Y el Principito comprendió que algunas marcas habían aprendido lo mismo que el Zorro trataba de enseñarle a él: un vínculo no se conquista, se honra. La repetición con sentido —un gesto sostenido, un detalle constante, una presencia que no presiona— puede convertirse en la forma más sincera de conexión.

«Hay marcas que buscan ser recordadas al instante. Y otras que permanecen mucho después, incluso cuando ya no las miras.»

Reflexión del Principito: «Del contacto al vínculo»

Cuando el Principito se despidió del Zorro, no hubo grandes gestos. Solo un silencio, tibio y envolvente, como los que no se llenan con palabras, sino con certeza.

No necesitaba apuntar nada más en su cuaderno. Porque esta vez, la lección no era una frase, era una forma de estar.

Había comprendido algo esencial: las marcas, como las personas, pueden estar presentes sin imponerse. El vínculo no nace del contacto, sino de la intención. Y conectar no es alcanzar, es acompañar.

Mucho antes de que existieran los algoritmos, ya existía algo más sabio: la espera compartida. Esa presencia constante y suave que no exige, pero sostiene. Que no obliga, pero abraza. Que no busca el clic, sino el eco.

Pensó en todos los planetas que había visitado: el del Rey, el del Vanidoso, el del Bebedor, el del Hombre de Negocios y el del Farolero, y se dio cuenta de que muchos de ellos hablaban, actuaban, publicaban, encendían..., pero no se vinculaban. Había poder, número, impacto, estrategia. Pero no había relación.

El Zorro le había enseñado lo contrario. Que no se trata de estar todo el tiempo, sino de estar de verdad. Que no hay que decirlo todo, pero sí decir lo que importa. Que el branding, como la amistad, no se mide por frecuencia, sino por significado.

Y entonces, sin mirar atrás, siguió caminando.

Con una certeza suave latiendo en el pecho:

«Una buena marca no es la que más se nota, es la que permanece cuando ya no estás mirando.»

7

El Planeta del Aviador: El Marketing de la Autenticidad

El Principito dejó atrás el planeta del Zorro con una sensación cálida en el pecho. Había aprendido que los vínculos no se apresuran, que las relaciones verdaderas no atan y que la confianza se gana con tiempo y presencia.

Pero mientras flotaba entre estrellas, algo dentro de él le susurraba que todavía quedaba una pregunta sin respuesta: ¿qué ocurre cuando uno, para mantener una relación, siente que debe fingir?

No tuvo que buscar mucho para empezar a resolverla. A lo lejos, distinguió un punto metálico reluciendo en mitad del vacío, como si una chispa se hubiera quedado atrapada entre mundos. Al acercarse, descubrió un pequeño planeta cubierto por dunas doradas que se movían con el viento, como si respiraran. No tenía casas ni árboles ni farolas, solo un desierto cálido que extendía su silencio hasta el horizonte. En el centro, como una pieza olvidada de otro universo, descansaba un avión varado. Era un planeta extraño: seco, honesto, sin adornos. Un lugar donde nada podía esconderse porque la arena lo revelaba todo con el tiempo.

Y allí, agachado sobre una de las alas, estaba el Aviador. No llevaba corona como el Rey, ni contaba cifras como el Hombre de Negocios. Tampoco ofrecía puntos ni descuentos como las marcas que había visto atrapadas en jaulas doradas. El Aviador tenía las manos manchadas de grasa, los planos desplegados y el gesto sereno de quien no pretende impresionar a nadie. Olía a aceite e historia.

El Principito se acercó con curiosidad.

—¿Estás reparando tu avión? —preguntó.

—Claro. No puedo volar con una avería. Hay que arreglar lo que está roto, no esconderlo bajo pintura nueva.

Esa frase fue suficiente para que el niño entendiera que aquel encuentro iba a ser diferente. Aquí no encontraría métricas ni lemas grandilocuentes. Encontraría algo más raro: verdad.

El marketing del taller: arreglar no es maquillar

El Aviador no hablaba de su máquina para presumir, sino para contar cómo cada pieza guardaba una historia. Cada golpe, cada reparación, formaba parte de su identidad como piloto. Y así, el Principito empezó a entender que la autenticidad, en el cielo del marketing, se parece mucho a volar: si intentas hacerlo con piezas falsas, tarde o temprano, caes.

El Aviador desplegó sobre la arena las piezas desmontadas de su avión. No había prisa. El desierto, como las buenas conversaciones, pedía tiempo.

—Mira —dijo señalando un panel rayado—, podría darle una capa de pintura y parecería nuevo. Pero seguiría roto. Y si algo está roto, antes o después, se nota.

El Principito lo escuchaba fascinado. No hablaba solo de aviones; hablaba de personas, y también de marcas. En ese instante entendió que la autenticidad funciona igual que la mecánica, que no se trata de disimular, sino de reparar.

Muchas marcas intentan tapar sus grietas con campañas llamativas, frases inspiradoras o imágenes impecables. Durante un tiempo, puede que funcione. Pero el vuelo acaba por revelar la verdad.

—Si un avión tiene una grieta en su fuselaje —prosiguió el Aviador—, lo peor que se puede hacer es intentar taparla con vinilos nuevos. Tal vez el aspecto renovado engañaría a los de tierra..., pero en el aire, la grieta se delataría sola.

El Principito pensó en las veces que había visto a personas y marcas fingir fortaleza mientras ocultaban las grietas de su fuselaje, sus problemas reales. Y comprendió que la autenticidad no es mostrarse perfecto, sino permitirse ser visto tal como se es, con las reparaciones a la vista y la honestidad de quien no teme reconocer que sigue perfeccionándose.

—Arreglar no es una señal de debilidad —añadió el Aviador, encajando una pieza—. Es la prueba de que sigues volando.

En su cuaderno, el Principito lo escribió así:

«La autenticidad no es lucir impecable, es volar sabiendo que tus alas llevan cicatrices... y que son esas cicatrices las que te sostienen.»

Cuando mostrarte se parece a arriesgar

El Principito observó durante un largo rato al Aviador, que ajustaba las piezas de su avión con el único objetivo de arreglarlo y poder volver a alzar el vuelo. Sin perder la concentración en lo que estaba haciendo, le sonrió con un gesto breve, como quien reconoce una verdad que ya ha vivido, y dijo:

—La autenticidad es como un motor: si lo falseas, tarde o temprano se detiene.

El Principito lo miró, intrigado.

—¿Y qué pasa si se detiene en pleno vuelo?

—Entonces no hay altura que te salve —respondió el Aviador, sin dramatismos, pero con la certeza de quien ha visto caer más de un avión.

Explicó que, en el mundo de las marcas, mostrarse auténtico puede ser una fortaleza inmensa... o un riesgo fatal. No se trata solo de decir: «Esto es lo que soy», sino de demostrarlo en cada acción, cada gesto, cada silencio. Porque la autenticidad, como el vuelo, no se mantiene sola, necesita revisiones constantes y no admite piezas falsas.

El Aviador le contó entonces tres historias que había visto «desde las nubes». Tres marcas que decidieron mostrarse tal cual eran... y descubrieron que la transparencia, si no se maneja con coherencia, también tiene turbulencias.

Boeing había sido, durante décadas, sinónimo de fiabilidad aérea. El lema no escrito era claro: «Si es Boeing, es seguro». Sin embargo, en 2018 y 2019, dos accidentes del modelo 737 MAX cambiaron la percepción de la noche a la mañana. Las investigaciones revelaron problemas causados por un *software* defectuoso y una comunicación poco clara por parte de la compañía. Boeing intentó controlar el relato con declaraciones técnicas ambiguas, pero esa falta de transparencia solo aumentó la desconfianza. La crisis se agravó con una gestión inadecuada hasta el punto de que aerolíneas, reguladores y pasajeros dejaron de creer en su promesa más básica: la seguridad. Reconstruir la imagen ha requerido años de inversión en transparencia, trabajo con reguladores y una revisión completa de procesos. La lección era evidente: si tu autenticidad se basa en ser fiable, no puedes fallar en reconocer —y corregir— tus errores a tiempo o el daño reputacional será inevitable. Y como si lloviera sobre mojado, en 2024, un nuevo incidente en el que la puerta de un 737 MAX 9 se desprendió, junto con la declaración de culpabilidad de la compañía por fraude, volvió a recordar al mundo que la confianza perdida nunca regresa de un día para otro.

Dove, por su parte, había conseguido algo que pocas marcas logran: apropiarse de un propósito social creíble. Su campaña «Real Beauty» celebraba la diversidad y la autoaceptación, mostrando mujeres reales sin retoques. Sin embargo, en 2017, un anuncio publicado en Facebook empañó esa reputación. En él, una mujer negra se quitaba una camiseta marrón para revelar debajo a una mujer blanca. Aunque la intención era representar diversidad, el orden de las imágenes transmitió un mensaje racista no intencionado. La reacción fue inmediata:

acusaciones de hipocresía y de que su propósito era más fachada que compromiso real. Dove retiró el anuncio y pidió disculpas, revisando sus procesos para evitar errores culturales de ese tipo. Pero el daño ya estaba hecho: su comunidad esperaba de ellos un nivel de coherencia absoluta, y un tropiezo —aunque fuera por descuido— se sintió como una traición.

Tesla es un buen ejemplo de cómo la autenticidad puede convertirse en un arma de doble filo. La compañía ha construido gran parte de su identidad sobre la figura de Elon Musk: su visión disruptiva, su estilo directo y su capacidad para acaparar titulares. Esa apuesta le dio notoriedad y atrajo inversores, pero también generó vulnerabilidad. Cuando Musk actuaba de forma impulsiva, la marca entera quedaba expuesta. En 2018, un *tuit* en el que insinuaba privatizar Tesla por cuatrocientos veinte dólares por acción con la financiación «asegurada», fue solo la chispa que desencadenó la tormenta: la SEC (Comisión de Bolsa y Valores de EE. UU.) descubrió que la afirmación no era cierta, se impusieron multas millonarias y Musk tuvo que abandonar temporalmente la presidencia. Pero la raíz de la crisis era más profunda: Tesla había delegado su credibilidad en una sola voz y, cuando esa voz fallaba, la desconfianza se traducía en sanciones, caídas bursátiles y clientes desconcertados. El episodio obligó a la compañía a reforzar sus protocolos internos y a equilibrar la frescura del mensaje con la solidez que se espera de una marca cotizada. Porque cuando una marca depende de una sola estrella, basta una sombra para oscurecer todo el cielo.

El Aviador guardó silencio un momento y luego concluyó:

—Mostrarte tal cual eres tiene un precio. Y, si decides pagarlo, debes estar seguro de que puedes sostenerlo.

Porque en el aire, y en las marcas, no hay nada más peligroso que decir: «Confía en mí» y luego fallar. El Principito lo entendió. Al igual que un vuelo se arruina por una pieza que no quisiste revisar, una marca se desploma cuando la autenticidad que promete no está alineada con la realidad que entrega.

Los planos que consultaba el Aviador

El Aviador, sentado en la arena, extendió ante el Principito unos papeles arrugados y llenos de anotaciones. No eran mapas de estrellas ni rutas de vuelo, sino esquemas extraños, con flechas, círculos y frases subrayadas.

—Estos —dijo con una sonrisa— son mis planos para no perderme.

El Principito, curioso, se inclinó para mirarlos. No entendía por qué un hombre que sabía volar necesitaba tantos dibujos para orientarse.

—No son rutas del aire —aclaró el Aviador—. Son rutas para llegar a las personas.

Le contó que algunos los había dibujado después de viajes que casi salieron mal; otros eran consejos heredados de instructores de vuelo que le enseñaron que, tanto en el aire como en el marketing, la dirección importa tanto como la velocidad.

En el primero de aquellos planos, escrito en letras grandes, se leía: «Nunca aterrices sin avisar». Era su forma de recordar lo que Seth Godin llamaba «marketing de permiso»: ganarte la atención en lugar de comprarla. Significa no irrumpir con mensajes no solicitados, sino crear un espacio donde la otra persona quiera recibirte.

—Si fueras a visitar a un amigo en otro planeta —dijo—, no aterrizarías de golpe en su jardín. Le enviarías un mensaje y le darías tiempo para esperarte. Eso hace que la visita sea bienvenida.

Así lo hizo cuando lanzó sus kits de vuelo recreativo para los habitantes de su planeta. No llenó el cielo de anuncios ni repartió folletos. Primero invitó a pequeños grupos a visitar su hangar: el olor a aceite nuevo y metal pulido, el eco metálico de las herramientas, las hélices brillando bajo la luz. Les dejaba sentarse en la cabina, mover los mandos, escuchar el sonido hueco del motor en reposo. Solo cuando ya habían vuelto un par de veces, con una sonrisa de expectación, les hablaba de los kits. Vendió menos el primer día, pero los que compraron seguían volviendo al hangar incluso cuando no había nada que comprar.

El segundo plano estaba arrugado y la tinta casi borrada. Decía: «El valor no nace de la venta, sino de la relación». Era la esencia de la SDL de Vargo y Lusch; el valor no se entrega como un objeto terminado, sino que se construye en la interacción continua, en el proceso.

—Es como reparar juntos un avión —explicó—. No basta con que yo te entregue las piezas. Tenemos que ensamblarlas juntos, decidir cómo volará, probarlo y ajustarlo.

Con ese principio en mente, ofreció un servicio de revisión y personalización de alas para avionetas. Invitaba a los pilotos a pasar toda una tarde con él en su taller. Sobre la mesa, había planos abiertos y lápices manchados de grafito, y allí era donde cliente y aviador trazaban juntos las curvas de las alas, elegían el material, probaban el ajuste en un vuelo corto y regresaban a modificar lo necesario. El cliente no se iba con un producto cualquiera. Se iba con alas que sentía suyas.

En otro de los planos había dibujado dos relojes: uno grande y otro pequeño. Debajo, una frase: «Cada uno con su tiempo». Representaba la teoría del marketing relacional adaptativo, que propone ajustar la frecuencia y el tipo de interacción según el ritmo de la otra parte a través de la confianza y el conocimiento del cliente que profesa el marketing relacional, pero con la adaptabilidad que asegura que esa relación podrá evolucionar.

—Si fuerzas a volar más rápido a quien no está listo, se mareará y querrá bajarse. Y si vuelas demasiado lento para alguien impaciente, se aburrirá y buscará otro piloto.

Por eso, en sus cursos de vuelo, el Aviador no seguía un calendario único. Algunos alumnos recibían clases cortas de quince minutos, con ejercicios sencillos y frecuentes. Otros preferían sesiones largas, con travesías completas y paradas en pequeños asteroides. En su cuaderno, anotaba el progreso de cada uno: los miedos que superaban, la destreza que ganaban, el momento exacto en que sus manos dejaban de temblar en el timón. Así, cada alumno sentía que el curso estaba hecho a su medida.

El último plano mostraba dos figuras sentadas, una frente a la otra, sin hablar. Debajo, la frase: «La autenticidad no necesita ruido». Era un recordatorio inspirado en el Human-Centered Design, que consiste en diseñar interacciones pensando primero en la experiencia emocional del otro, no en los objetivos propios.

—Demasiadas marcas confunden visibilidad con conexión —dijo—. A veces, lo más potente es estar, sin interrumpir, sin adornar.

Aplicó este principio cuando preparó sus viajes de acompañamiento: vuelos cortos sin destino comercial, pensados para personas que necesitaban un momento de calma en el aire. No había discursos de ventas, ni folletos, ni promociones. Solo el sonido del viento golpeando suavemente la cabina, el horizonte abriéndose poco a poco y la certeza de que, al aterrizar, la otra persona se sentiría más ligera. Algunos de esos pasajeros nunca le compraron nada, pero todos le recordaban.

El Principito observaba aquellos planos como si fueran constelaciones. No había fórmulas exactas ni rutas cerradas, solo principios para no perderse en el aire cambiante de las relaciones. Los apuntó como si fueran coordenadas invisibles:

«No basta con saber volar. Hay que saber a quién quieres llevar contigo, cómo quiere viajar y qué quieres que construyáis juntos durante el vuelo.»

Y así entendió que el marketing de la autenticidad, igual que un buen viaje, no trata solo de llegar, sino de cómo se llega.

Rumbos personales: cuando la marca soy yo

El Aviador seguía desplegando planos, repasando trayectorias y corrigiendo pequeñas desviaciones. El Principito, que todavía recordaba la conversación sobre autenticidad, se dio cuenta de que en ese momento no hablaban solo de vuelos, sino de vidas.

En este planeta, imaginó al Guardián del Rumbo, una persona que no mide su éxito por la ausencia de tormentas, sino por su capacidad de seguir fiel a su norte cuando el viento cambia. Su marca personal no es un destino fijo, sino una navegación consciente: ajusta las velas, corrige el timón, pero nunca deja que la presión externa decida hacia dónde va.

—¿Y si la marca soy yo mismo? —preguntó el Principito—. ¿Cómo sé si estoy volando recto?

El Guardián del Rumbo sonrió.

—No es cuestión de volar en línea recta. Es cuestión de saber por qué vuelas y hacia dónde, incluso cuando tienes que desviarte un poco para seguir avanzando.

En el mundo del branding personal, muchos comienzan con una brújula clara: una pasión, una causa, un estilo propio. Pero a medida que llegan las oportunidades, las modas o las críticas, es fácil dejarse llevar por corrientes ajenas. El Guardián del Rumbo no ignora esas corrientes: las escucha, las mide y decide si le ayudan o le alejan de su destino.

El Principito pensó en personas reales que encarnan ese espíritu. Le vino a la cabeza Rigoberta Bandini. Cantante y compositora, se convirtió en fenómeno popular con *Ay Mamá* durante su participación en el Benidorm Fest 2022. El tema, que celebraba la figura materna y reivindicaba la libertad de mostrar el cuerpo femenino, despertó tanto entusiasmo como debate. Hubo quienes aplaudieron el mensaje y quienes lo tacharon de provocador o simplista. En lugar de suavizar su discurso para contentar a todos, Rigoberta defendió la intención detrás de su obra, explicando que no buscaba agradar a todos, sino ser honesta con lo que quería transmitir. Incluso cuando las redes sociales amplificaron las críticas, ella eligió no entrar en confrontaciones vacías. Siguió publicando en sus propios términos, con un estilo visual y narrativo coherente con su identidad: irónico, tierno y directo. Esa coherencia le ha permitido que su marca personal no dependa de una sola canción o de un concurso, sino de un universo propio que conecta con quienes valoran su mirada singular.

También pensó en Mercedes Milá, periodista y presentadora, que ha hecho de la honestidad su brújula. La carrera de esta periodista y presentadora ha estado marcada por la capacidad de decir lo que piensa incluso cuando no coincide con la corriente dominante. Durante su etapa en Gran Hermano, no se limitó a cumplir con el guion, ya que introdujo reflexiones personales, críticas al propio formato e incluso debates sociales, algo poco habitual en programas de entretenimiento masivo. Esa actitud le generó admiración, pero también polémicas: comentarios directos sobre concursantes o decisiones de producción que dividían a la audiencia. En lugar de esconderse tras un personaje televisivo «neutro», Mercedes asumió su papel con honestidad, reconociendo errores cuando lo consideraba y defendiendo su punto de vista, aunque no fuera popular.

El Aviador dobló con cuidado sus planos y dijo:

—Ves, Principito, ellas no vuelan en línea recta porque no haya tormentas. Lo hacen porque han aprendido a corregir el rumbo sin perder su destino.

El niño comprendió que la autenticidad en el branding personal no es una foto fija, sino un ajuste constante. Que los aplausos y las críticas son como cambios de viento: pueden mover tus alas, pero no deberían mover tu brújula.

Y lo anotó en su cuaderno:

«*No importa cuántas veces cambie el viento si sé dónde está mi norte.*»

El Guardián del Rumbo asintió.

—En el aire y en la vida, Principito, el rumbo no se mantiene con las manos, se mantiene con el corazón.

Instrucciones para un vuelo auténtico

El Principito observaba cómo el Aviador revisaba su aparato antes de despegar.

—¿Me llevarías a dar un vuelo corto? —preguntó el Principito, con esa mezcla de impaciencia y curiosidad que solo tienen los niños.

El Aviador levantó una ceja, sugiriendo que la respuesta sería «sí», pero sin dirigirse aún hacia la cabina.

—Claro que sí. Pero antes hay que hacer la *checklist*.

El Principito creyó que eso sería rápido: mirar si había combustible y poco más. Pero el Aviador ya estaba rodeando el avión, tocando el fuselaje como si pudiera escuchar su pulso, comprobando bisagras, revisando remaches.

—¿De verdad tienes que mirar todo eso cada vez? —preguntó mientras intentaba imitarlo, golpeando suavemente una rueda con el pie.

—En el cielo, como en el mercado —respondió el Aviador—, un vuelo auténtico no se improvisa. Si una marca despega sin revisar quién es, qué promete y cómo lo va a cumplir, corre el riesgo de que el viento, o la competencia, le marque el rumbo.

Se subieron a la cabina. El Principito, sentado a su lado, observó cómo iba bajando y subiendo palancas, tocando interruptores y leyendo marcadores.

—¿Y si me vas diciendo para qué sirve cada cosa? —sugirió.

El Aviador sonrió y empezó a explicar.

1. Revisar el motor:
En una marca, el motor es su propósito real. Si ese motor se contamina con objetivos prestados —la moda del momento, la presión del competidor—, pierde fuerza y credibilidad. Una aerolínea que decide reducir su huella de carbono por compromiso real volará más lejos que la que lo hace solo por un titular pasajero. Y en una marca personal, pasa igual: quien defiende una causa porque la siente, inspira más que quien la adopta solo para posicionarse.

El Principito, concentrado, se inclinó para mirar el indicador de presión del aceite, como si en cualquier momento fuera a encontrar ahí el «propósito» del que hablaba el Aviador.

2. Ajustar los instrumentos:
Tu comunicación tiene que coincidir con tu rumbo. Si una empresa dice que su prioridad es el cliente, pero tarda semanas en responderle, está volando al este mientras anuncia que va al norte. Esa incoherencia se detecta a kilómetros.

El niño giró un pequeño dial, imitando al Aviador, y pensó en las veces que había visto promesas grandes y vuelos que iban en otra dirección.

3. Verificar el combustible:
¿De qué se alimenta tu vuelo? Si una marca solo busca ventas rápidas, acaba agotando a su equipo y a sus clientes. El buen combustible mezcla motivación interna, visión a largo plazo y conexión genuina con quienes viajan contigo.

—¿Y si no tienes suficiente? —preguntó el Principito.

—Entonces, no despegues —contestó el Aviador sin dudar—. No todo vuelo debe hacerse hoy.

4. Controlar el plan de vuelo:
Hay que saber hacia dónde vas y con quién. Muchas empresas cambian de estrategia cada trimestre por pánico a quedarse atrás, diluyendo su identidad. Si solo miras lo que hace la competencia, acabarás copiando rutas que no te llevan a tu destino.

5. Chequear las alas:
No basta con un buen propósito. Necesitas una estructura que lo sostenga. Un equipo formado, procesos claros, recursos suficientes. En personas, sería cuidar la salud física y emocional para resistir los trayectos largos.

El niño acarició el ala que veía desde su ventanilla, como si pudiera notar su fuerza con la yema de los dedos.

6. Encender la radio:

En un vuelo real, el piloto que no escucha a su tripulación ni a la torre de control se aísla y se pone en riesgo. En el mercado, una marca que no escucha a su audiencia, a su equipo o a sus partners, empieza a volar a ciegas. Escuchar no es solo oír lo que quieres, sino lo que necesitas, aunque incomode.

El Principito se acercó al micrófono y preguntó:

—¿Y si no te gusta lo que escuchas?

—Mejor saberlo en tierra que descubrirlo en el aire —contestó el Aviador.

Cuando terminó la lista, el Aviador ajustó el cinturón del Principito.

—No confundas *checklist* con rigidez. No es para encadenarte, es para recordarte quién eres antes de despegar.

El niño lo anotó en su cuaderno:

«Un vuelo auténtico no consiste en equivocarse, es saber, en cada revisión, si sigues siendo tú quien pilota.»

Y mientras el avión se elevaba, comprendió que aquel vuelo no era solo por el cielo: era una lección para cualquier marca que quisiera llegar lejos sin perderse en el camino.

Aviadores que corrigieron el rumbo en plena tormenta

El Principito no entendía mucho de aviones, pero había aprendido algo: incluso el mejor piloto puede encontrarse con turbulencias. Lo importante no es evitarlas siempre, sino saber corregir el rumbo antes de que el aparato pierda altura.

El Aviador le contó que, en el mundo de las marcas, pasa lo mismo. Las tormentas no siempre vienen del cielo, a veces son errores propios. Y lo que diferencia a un buen piloto de uno mediocre es la capacidad de reconocerlo y actuar a tiempo.

A finales de los noventa y principios de los 2000, LEGO atravesó una de sus crisis más graves, pero logró corregir el rumbo y pasar de un posible derrumbe a la reconstrucción. Había diversificado tanto su catálogo —videojuegos, parques temáticos, líneas de productos alejadas del bloque clásico— que perdió el foco de lo que la hacía especial, que era la creatividad constructiva. Las ventas caían, los costes se disparaban y, en 2004, la compañía acumulaba ochocientos millones de dólares en pérdidas y, por si fuera poco, perdía un millón al día.

El giro vino cuando Jørgen Vig Knudstorp, el nuevo CEO, decidió volver a la esencia: reducir líneas no rentables, centrarse en sets que estimularan la imaginación y colaborar con licencias estratégicas como Star Wars o Harry Potter para revitalizar el interés. LEGO recuperó su rumbo, se centró de nuevo en su producto principal (el mítico ladrillo), volvió a crecer y, en menos de una década, pasó de estar al borde del colapso a convertirse en la marca de juguetes más valiosa del mundo.

—Un avión no puede llevar todo el equipaje del mundo —le dijo el Aviador al Principito—, y una marca tampoco.

Otro caso emblemático sucedió a principios de los 2000, cuando Burberry, la histórica firma británica, atravesaba un serio problema de imagen. Su icónico estampado de cuadros había sido tan explotado que terminó asociado a imitaciones baratas y, en Reino Unido, incluso a subculturas como la *chav*, lo más alejado posible del universo de sofisticación y exclusividad que la marca pretendía representar.

Cuando Angela Ahrendts asumió el papel de CEO en 2006, tomó decisiones arriesgadas: retiró el patrón de cuadros de la mayoría de los productos, potenció el canal digital y recuperó el ADN británico a través de campañas cuidadas y colaboraciones con figuras como Emma Watson. En menos de cinco años, Burberry pasó de ser percibida como una firma en declive a convertirse en un referente global del lujo. Y aunque en la actualidad sigue afinando su rumbo, la compañía ha vuelto a apostar por su identidad de marca, reivindicando de nuevo la herencia británica como faro de su posicionamiento.

—A veces, para volar más alto, tienes que limpiar las alas —comentó el Aviador.

En 2009, Domino's vivió una tormenta mediática que amenazó con destruir su reputación. Un vídeo viral mostraba a empleados manipulando de forma antihigiénica ingredientes en uno de sus locales en Estados Unidos. Pero ese no era el único problema: las encuestas reflejaban que muchos clientes consideraban su pizza «insípida» y «de baja calidad».

La compañía decidió no esconderse: lanzó una campaña honesta titulada «Oh, yes, we did», que se inició con un vídeo del entonces CEO, Patrick Doyle, admitiendo públicamente que necesitaban mejorar. Mostraron el proceso de cambio de recetas, ingredientes y formación del personal. La transparencia, unida a mejoras reales en el producto, no solo recuperó la confianza del público, sino que disparó sus ventas en los años siguientes, alcanzando incluso algunos récords.

—No puedes pilotar fingiendo que no hay tormenta —dijo el Aviador—. Hay que admitir que está ahí y ajustar el vuelo.

Y no olvidemos el caso Microsoft, que también superó sus turbulencias pasando de gigante dormido a líder innovador. A mediados de los 2000, Microsoft era vista como una empresa pesada, centrada en licencias de *software* tradicionales, y que había perdido el tren de la innovación frente a Apple y Google. El fracaso de productos como Windows Vista y su baja presencia en móviles reforzaban esa imagen.

Con la llegada de Satya Nadella en 2014, la compañía redirigió su estrategia hacia la nube (Azure), la inteligencia artificial y la apertura a otras plataformas (Office en iOS y Android, colaboración con Linux). Esa reinvención no solo le devolvió relevancia, sino que la colocó de nuevo entre las empresas más valiosas del mundo.

—Un buen piloto no solo corrige el rumbo, a veces cambia de destino —le explicó el Aviador.

Al cerrar el cuaderno, el Principito entendió que no existe el vuelo perfecto. Que incluso los mejores aviadores se desvían. Pero lo que hace que una marca sobreviva no es no equivocarse, sino aceptar que lo ha hecho y tener el coraje de reconducir el trayecto.

Y apuntó:

«En el aire y en el mercado, no siempre gana el que despega más alto, sino el que sabe volver a la ruta.»

Reflexión del Principito: «De las turbulencias al rumbo propio»

El Principito miró al Aviador y pensó que volar era como querer a alguien: siempre parece fácil cuando el cielo está despejado. El problema viene cuando las nubes se cierran y el viento cambia. Había aprendido que la autenticidad no significa no equivocarse nunca. Significa reconocerse incluso en mitad del error, admitir admitir que te perdiste y estar dispuesto a girar el timón, aunque eso implique retroceder.

—A veces —le dijo el Aviador— lo más valiente no es seguir la ruta que trazaste, sino cambiarla.

Y el niño recordó las historias de los pilotos que corrigieron el rumbo. Marcas que se atrevieron a decir: «Nos hemos equivocado» y, en lugar de hundirse, salieron más fuertes. Entendió que el público, como un copiloto fiel, no exige perfección, pero sí honestidad para no sentirse engañado.

Mientras el avión cortaba el aire, el Principito escribió en su cuaderno una última frase para no olvidarla nunca:

«No temas a las turbulencias si el rumbo es tuyo. Teme más el día en que vueles con un mapa que no reconoces como propio.»

El Aviador sonrió y volvió a mirar al horizonte. Para él, el viaje continuaba. Y para nuestro Principito, también.

8

El Planeta del Jardinero de Baobabs: El Marketing de la Prevención

Había llegado el momento de cambiar de planeta. El Principito, fiel a su costumbre, llamó a su bandada de pájaros migratorios, que acudieron puntuales para llevarlo en volandas entre estrellas y silencios. Volaba ligero, con la bufanda al viento y el cuaderno bien sujeto contra el pecho mientras se dejaba guiar más por la intuición que por la lógica.

El viaje fue sereno, casi como una pausa necesaria antes de un nuevo hallazgo. Y, poco a poco, el horizonte empezó a dibujar la silueta de un mundo distinto. Desde el aire, aquel planeta parecía un mosaico verde y dorado, salpicado de manchas blancas, como si alguien hubiera esparcido nubes pequeñas sobre el suelo.

Al aterrizar, lo envolvió un olor fresco, mezcla de hierba recién cortada y tierra húmeda después de la lluvia. El aire era limpio y delicado, pero su calma tenía un filo extraño, como si bajo esa superficie perfecta latiera algo que aún no había mostrado su verdadero rostro. El suelo estaba cubierto de pequeños brotes verdes. A simple vista parecían inofensivos, incluso bonitos. Pero el habitante del planeta, un jardinero de manos firmes y mirada paciente, le explicó que no todos esos brotes eran flores. Algunos eran baobabs.

—Si los dejas crecer demasiado —le dijo—, sus raíces romperán el planeta.

El Principito, curioso, le preguntó cómo diferenciarlos. El Jardinero sonrió:

—No siempre es fácil. Por eso hay que revisar cada día. Arrancar a tiempo lo que pueda hacer daño.

El Principito nunca se había planteado que arrancar algo pudiera ser beneficioso. Pensaba que todo lo que crece merece quedarse. Pero al escuchar al Jardinero, entendió que en este planeta también tenía mucho que aprender. Se arremangó y decidió quedarse un rato más.

El marketing de la poda: prevenir no es reaccionar

El Jardinero del planeta de los baobabs no corría. Caminaba despacio, como si cada paso fuera una inspección. Sus manos, curtidas por el sol y la tierra, parecían conocer de memoria cada rincón del terreno: sabían qué brote acariciar y cuál arrancar. Llevaba un sombrero de paja algo deshilachado y un delantal con manchas de tierra seca. En el cinturón, unas tijeras limpias y afiladas que brillaban cuando el sol las alcanzaba.

El Principito lo siguió en silencio un rato, tratando de imitar su forma de apartar las hojas para ver lo que crecía debajo. El Jardinero se detuvo ante un brote, lo observó y, con un gesto firme, lo arrancó.

—Si esperas demasiado —dijo, sacudiendo la raíz—, ya no podrás quitarlo sin destruir lo que lo rodea.

—¿Y cómo sabes cuándo es el momento justo? —preguntó el Principito, agachándose junto a él.

—Cuando lo pequeño amenaza con hacerse grande y romper lo que sostiene —respondió, sin dejar de trabajar.

El Principito pensó que era una frase sobre plantas, pero pronto entendió que también era una lección sobre personas, relaciones y marcas. En el mundo del marketing, la mayoría de las crisis no se manifiestan con incendios, surgen como pequeñas chispas —una queja sin respuesta, un rumor que crece, una incoherencia que pasa desapercibida— y, si no se atienden a tiempo, se convierten en problemas capaces de destruir la reputación entera.

El Jardinero, mientras limpiaba las tijeras con un paño, lo explicó con la lógica simple de quien no necesita gráficos para enseñar:

—No es lo mismo prevenir que reaccionar. Reaccionar es llegar cuando el tronco ya es demasiado grueso y las raíces se han extendido; prevenir es detectarlo cuando aún es un tallo frágil que puedes arrancar con dos dedos.

El Principito, que en otros planetas había visto a muchas marcas confundir visibilidad con control, comprendió que la prevención no vive de la urgencia, sino de la vigilancia constante. Creer que «mientras no se vea, no hay problema» es dejar que el baobab crezca.

—Las marcas que vigilan cada día —añadió el Jardinero, mientras se sacudía la tierra de las manos— no esperan a que todo vaya mal para llamar a los bomberos: revisan sus raíces incluso cuando el cielo está despejado.

El Principito lo anotó en su cuaderno como si fuera un consejo de vuelo:

«No hay raíz pequeña si tiene fuerza para romper lo que sostienes. Cuida hoy lo que mañana será imposible de mover.»

Porque, tanto un planeta como una marca, se mantienen sanos no por lo que hacen cuando el peligro ya es visible, sino por lo que evitan antes de que lo sea.

Cuando ignorar el brote se parece a invitar al desastre

El Jardinero trabajaba sin descanso arrancando pequeños brotes antes de que pudieran convertirse en gigantes que lo destruyeran todo. Y decía que lo hacía para poder vivir tranquilo. Aunque lo que el Principito comprendió fue que ese trabajo paciente era, en realidad, una lección de marketing: los problemas de una marca empiezan casi siempre como semillas invisibles, y cuando nadie las arranca a tiempo, pueden destruir todo lo construido.

Recordó lo que había ocurrido con Samsung y su Galaxy Note 7. Un teléfono que prometía ser el buque insignia de la compañía y acabó siendo uno de sus mayores desastres. Al poco de lanzarlo en 2016, empezaron a llegar reportes de baterías que se sobrecalentaban y explotaban. La respuesta inicial fue parcial: retiradas limitadas, mensajes confusos, intentos de tranquilizar sin paralizar las ventas.

Pero el problema era sistémico, y cuanto más tardaban en actuar, más crecía la crisis. Finalmente, Samsung tuvo que hacer una retirada global, suspender la producción y asumir pérdidas de miles de millones. Más costoso aún fue el golpe a su imagen: una marca asociada a innovación y fiabilidad quedó, por un tiempo, marcada por la palabra «peligro».

Otras veces, el baobab no es un fallo técnico, sino una decisión ética postergada. Volkswagen lo aprendió en 2015, cuando salió a la luz que millones de sus coches diésel estaban equipados con un *software* diseñado para engañar en las pruebas de emisiones contaminantes. No era un fallo accidental: era un sistema deliberado, instalado y mantenido durante años, tal y como la compañía terminó admitiendo. Mientras la compañía celebraba récords de ventas y campañas premiadas por su supuesta sostenibilidad, la raíz del problema crecía oculta. Cuando estalló, el denominado «Dieselgate» costó a Volkswagen más de treinta mil millones de dólares en multas, demandas y compensaciones, y lo que fue peor, puso en duda toda la narrativa de marca construida durante décadas porque su baobab ya había crecido demasiado.

También pensó en Facebook y el caso Cambridge Analytica. Aquí el baobab era invisible para el usuario común, pero la empresa sabía desde 2015 que una consultora política había accedido de forma indebida a datos de 87 millones de usuarios, consciente de que podían usarse para influenciar los resultados de las elecciones presidenciales de EE. UU. en 2016 o del referéndum del Brexit en Reino Unido ese mismo año. Durante años, la plataforma eligió no alertar públicamente ni cambiar sus políticas de forma radical. Cuando el escándalo explotó en 2018, el daño a la reputación fue inmediato y global: investigaciones en múltiples países, multas millonarias, una caída de las acciones y un éxodo de usuarios que sintieron que la red social había traicionado su confianza.

El Jardinero miró al Principito con serenidad:

—Todos estos problemas empezaron siendo pequeños. Un teléfono que fallaba en unas pocas manos. Un *software* que «solo» se usaba para aprobar tests. Un acceso indebido a datos «controlado». La prevención no es una cuestión de urgencia, hasta que lo es.

El Principito tomó nota, entendiendo que en marketing —como en un planeta lleno de baobabs— el mejor momento para actuar es antes de que el problema tenga raíces.

«No hay error pequeño si crece sin que nadie lo mire. Lo que hoy no parece urgente, mañana puede ser imposible de arrancar.»

Las páginas verdes que registró el Jardinero

El Principito vio que, junto a las tijeras de podar y una regadera abollada, había un cuaderno cubierto de tierra seca. No era un libro de flores ni de semillas. Las páginas, manchadas por el roce de las manos, guardaban ideas escritas con letra paciente, como si cada trazo hubiera sido plantado para germinar más tarde.

—Aquí anoto lo que he aprendido —le explicó el Jardinero—. No son trucos. Son maneras de mirar.

El Principito lo abrió con cuidado. Al pasar la primera hoja, leyó una frase escrita en grande, en tinta verde: «Cuida antes de que haga falta». El Jardinero explicó que eso tenía que ver con lo que los estudiosos llamaban «gestión proactiva de la relación», algo muy parecido a la SDL de Vargo y Lusch: el valor de un vínculo no se crea en el momento del intercambio, sino en todo lo que sucede alrededor, incluso cuando no hay transacción, anticipando las necesidades, deseos y problemas de los clientes.

Para demostrarlo, habló de la ocasión en la que había vendido mallas protectoras para raíces jóvenes. No esperaba a la primavera, cuando todos las pedían. Iba en otoño, con las botas hundiéndose en la tierra húmeda, observaba el ángulo de los tallos y, a veces, apartaba un poco de tierra para mostrar la raíz tierna que un invierno helado podría partir. Sacaba la malla de su mochila y la extendía sobre el césped, explicando cómo abrazaría la planta sin asfixiarla. Era un cuidado que llegaba antes de que el peligro existiera.

Pasaron la página y apareció otra anotación: «No es un protocolo, es una presencia». El Jardinero decía que eso coincidía con las ideas de Grönroos y Berry sobre el marketing relacional: más que acciones para retener clientes, es una forma de estar y escuchar.

Ahí recordó sus guías de calendario vivo. No eran almanaques de pared con fechas fijas, sino cuadernos hechos a medida. Antes de escribir nada, pasaba la mañana en el huerto del cliente: tocaba la tierra para sentir su humedad, olía las hojas, anotaba el patrón de las sombras... Luego escribía un calendario adaptado al ritmo real de cada planta: «Riega tres días antes de que caigan las primeras hojas», «Poda cuando las flores más viejas pierdan color». Encuadernaba la guía con hilo y dejaba páginas en blanco para observaciones futuras.

En la siguiente hoja había una frase subrayada: «Lo grande empieza pequeño». Era la gestión de señales débiles, muy usada en inteligencia estratégica como sistema de alerta temprana que identifica cambios en el consumidor o en el mercado y permite adaptarse para mantener una ventaja competitiva. El Jardinero la aplicaba cuando se detenía junto a una planta aparentemente perfecta, rozaba el envés de una hoja y, al sentir una textura áspera, se daba cuenta de que un insecto se había instalado. Actuaba antes de que la plaga se extendiera. «En los jardines, como en las marcas, el problema rara vez grita, primero susurra», decía. Por eso, del mismo modo que detectaba a tiempo un cambio de color en una hoja, también prestaba atención a los clientes que repetían una misma queja pequeña o que dejaban de saludar con el mismo entusiasmo. Era su manera de escuchar lo que otras personas no percibían.

Más adelante, un dibujo de un rosal con tres hojas caídas ilustraba la teoría de la desconexión progresiva de la que se habla en psicología del consumo. Se sabe que la pérdida de un cliente rara vez es instantánea, sino fruto de una acumulación de microdecepciones. El Jardinero lo entendía igual: una planta casi nunca muere de un día para otro. Una vez, al ver que tres hojas amarilleaban, no lo ignoró, sino que cortó las ramas dañadas, abonó la tierra y regó con cuidado. «Si no actúas ante la primera señal, un día tendrás un tallo desnudo», dijo.

Otra página mostraba un cielo oscuro y ramas dobladas por el viento. Era la gestión preventiva de crisis de Ian Mitroff, que no consiste en esperar a que el daño llegue, sino en preparar cada fase del ciclo. Él hablaba de cinco momentos: detección temprana de señales, prevención y preparación, contención del daño, recuperación y, por último, aprendizaje para evitar repetir el error. La mayoría de las marcas, sin embargo, solo entrenan la fase intermedia: reaccionar cuando la tormenta ya está encima. Son buenas en contención, pero descuidan lo anterior y lo posterior; no saben anticipar lo que viene ni aprender de lo que ya pasó. Y, por eso, mientras recogen macetas cuando las gotas ya caen, siguen dejando sin atender las raíces que un día volverán a hacer que todo se tambalee. El Jardinero, en cambio, antes de una tormenta, recogía las macetas frágiles, reforzaba los tutores de las plantas altas y cavaba surcos para drenar el agua. Así, cuando caía la primera gota, ya estaba todo protegido.

La última página llevaba una frase escrita con más fuerza que las demás: «Prevenir es vivir en modo escucha. Anticiparse no es adivinar el futuro, es entender el presente con tanta claridad que el futuro no te sorprenda.»

El Principito cerró el cuaderno y entendió que, igual que en un jardín, en el marketing preventivo no se trata de correr, sino de ver antes que los demás y actuar cuando todavía es sencillo.

Jardines propios: cuando la marca soy yo

Después de leer el cuaderno del Jardinero, el Principito pensó en quienes no cuidan su propio jardín. En este planeta imaginó al Floricultor Distraído, alguien que, ocupado en mostrar las flores más bonitas, no se da cuenta de que bajo la tierra crecen raíces peligrosas, no por maldad, sino por costumbre, y piensa que, si no mira los problemas, no existen.

En su jardín, las raíces empiezan como cosas pequeñas: un rumor que corre en redes y que decide ignorar, una polémica menor que cree que se apagará sola, un silencio que deja que otros interpreten a su manera. «Si no lo riego, morirá», se repite. Pero lo que muere no es la raíz, es la confianza.

En el mundo del branding personal, el Floricultor Distraído es quien reacciona tarde. Por ejemplo, cuando un deportista deja que circulen especulaciones sobre su salud durante semanas sin dar una versión oficial, permitiendo que la narrativa la construyan otros. O cuando un creador de contenido, tras un error público, opta por seguir publicando como si nada, sin aclarar ni asumir nada, dejando que la conversación se llene de suposiciones y memes que fijan una imagen distorsionada.

En un caso similar, una artista podría enfrentarse a una filtración de material privado. El Floricultor Distraído no actuaría rápido para controlar el relato, sino que dejaría pasar días, quizá semanas, hasta decidir qué decir y, para entonces, la historia ya habría tomado vida propia, siendo interpretada, exagerada y manipulada por otros.

El problema es que, para cuando intenta «recuperar el terreno», el baobab ya ha roto el suelo: la marca personal queda asociada más a la crisis que a su valor real. Y aunque la poda llegue, ya no es preventiva, es una cirugía de urgencia que deja cicatrices visibles.

El Principito entendió que no puede cultivar una marca personal solo mostrando sus pétalos. También hay que vigilar la tierra, porque lo que no se arranca a tiempo, crece. Y lo que crece sin cuidado, termina rompiendo todo.

Pero, afortunadamente, el Principito también recordó que hay quienes sí han cuidado su jardín a tiempo.

Shakira, por ejemplo, empezó a notar unas raíces que se extendían rápido. Eran titulares sobre su vida privada, problemas con Hacienda, juicios mediáticos y una ruptura que corría como la pólvora en redes sociales. Si las dejaba crecer, podían oscurecer todo lo que había construido como artista y referente cultural. No dudó en arrancarlas, no con tijeras pequeñas, sino con una pala enorme: cambió el relato, lo reformuló en clave de empoderamiento y lo convirtió en un fenómeno global. Con la frase: «Las mujeres ya no lloran, las mujeres facturan», pasó de estar en el centro de la polémica a ser la autora de un mensaje que millones de personas coreaban con orgullo.

Su estrategia fue clara: adelantarse a cualquier discurso victimista y reapropiarse de la narrativa. A nivel de branding, reposicionó su marca no solo como cantante, sino como símbolo de independencia y fortaleza femenina. El *timing* fue clave: lanzó la canción en plena efervescencia mediática e hizo que la audiencia viera en ella no a alguien que respondía, sino a alguien que lideraba el relato. Si no hubiera actuado, su marca habría quedado asociada al enorme baobab de la victimización y el escándalo; sin embargo, al actuar, quedó vinculada a la resiliencia y la reinvención.

Rafa Nadal también ha sabido prevenir durante toda su carrera deportiva antes de que los baobabs siquiera asomasen. El tenis, como cualquier deporte de élite, es terreno fértil para rumores sobre retiradas, crisis físicas y declive. Cada lesión podría haberse convertido en un árbol gigantesco que ensombreciera su trayectoria. Pero Nadal siempre ha cultivado un estilo preventivo: dosifica sus apariciones, habla cuando hay algo importante que decir, protege su vida personal y evita la sobreexposición.

Desde el punto de vista del marketing personal, Nadal aplicó durante toda su carrera deportiva lo que en comunicación se conoce como «issue management»: detectar posibles focos de crisis antes de que escalen y actuar para que no dominen la conversación. En lugar de dejar que la prensa deportiva controlara el relato, marcó sus propios tiempos, comunicando solo lo justo y necesario para evitar interpretaciones dañinas. Así, nunca dejó que una ausencia o un mal resultado definieran su imagen. Si hubiera jugado lesionado por mantener visibilidad, o respondido a cada crítica, esos brotes podrían haberse convertido en percepciones negativas duraderas.

El Principito comprendió que, en los jardines propios, cuidar no es solo regar las flores, también es arrancar las raíces peligrosas. Los casos de Shakira y Nadal no son solo historias de personas famosas que supieron manejar su imagen. Son manuales vivos de prevención de crisis y de cuidado de marca que cualquier empresa puede aplicar. Y, que, tanto en marcas personales como en profesionales, hacerlo a tiempo es lo que distingue una historia que florece de una que se asfixia.

En su cuaderno, escribió con letras claras:

«Prevenir no es miedo, es cuidar lo que quieres que siga creciendo.»

Instrucciones para arrancar baobabs a tiempo

Una tarde, el Principito le dijo al Jardinero:

—¿Podemos sentarnos un rato a hablar?

El Jardinero sonrió mientras se acomodaba una azada sobre el hombro.

—Sentarnos no, pero sí hablar. Y será con una infusión de hierbas de mi jardín. Las recojo y las seco yo mismo. Sirven para pensar y para no tener prisa, aunque yo nunca me quede quieto.

Poco después volvió con dos tazas humeantes. El Principito lo siguió entre los senderos, cuidando de no derramar el líquido hasta que, en un descuido, tropezó con una raíz y casi lo perdió todo. Se recompuso rápido, como si nada hubiera pasado, y al Jardinero, sin mirarlo, se le escapó una media sonrisa.

—La prevención no es un acto heroico —dijo el Jardinero, agachándose para arrancar un brote apenas visible—. Es un hábito. Si esperas a que un problema sea evidente, ya es demasiado tarde.

Mientras avanzaban, fue explicándole cómo, en marketing, los «baobabs» son esas señales mínimas de que algo empieza a ir mal: una ligera caída en la participación, un cliente fiel que deja de interactuar, un rumor que comienza a repetirse. En marca personal, pueden ser cosas más íntimas: forzar un tono que ya no sientes, publicar sin ganas o alejarte de tu propósito sin darte cuenta.

—Arrancar un baobab a tiempo no es reaccionar con miedo —añadió—. Es tener un sistema para verlo antes de que crezca.

Y, caminando sin dejar de revisar plantas, fue enumerando sus principios:

1. Inspección diaria, no auditoría anual.
El Jardinero apartó con la punta del pie unas hojas para revisar la base de un tallo. Las marcas que esperan al final del trimestre para mirar métricas ya llegan tarde. Igual en lo personal: si solo revisas tu rumbo cuando te quema una crisis, la raíz ya estará

profunda. Es como un restaurante que nunca pregunta a sus clientes cómo fue la comida y un día se encuentra con una crítica demoledora en el periódico.

2. Atender las señales pequeñas.

Con dos dedos, el Jardinero levantó una hoja y olió el envés, buscando humedad o moho. Una queja aislada puede ser una excepción, pero tres con el mismo patrón en una semana son una raíz que empieza a agarrarse. Lo mismo ocurre con las personas: tres momentos en los que sientes que no estás siendo tú también merecen atención. Como una tienda que ve devoluciones repetidas del mismo producto: no es mala suerte, es un aviso.

3. Evitar la acumulación silenciosa.

Se agachó para sacar de la tierra una raíz seca, fina como un hilo, pero que había llegado lejos. El problema de los baobabs no es su fuerza inicial, es su persistencia. En marketing, esto equivale a pequeños fallos que se acumulan: un servicio que no mejora, una promesa que no se cumple, un tono de comunicación que ya no conecta. Igual que una grieta pequeña en una pared, si la ignoras, un día tienes que derribarla entera.

4. Programar podas preventivas.

Con unas tijeras, recortó un tallo sano pero mal orientado. Las marcas inteligentes no esperan a perder clientes para mejorar procesos, hacen revisiones proactivas. En lo personal, esto puede ser tomarte pausas estratégicas para ver si tu mensaje, tu contenido o tu red siguen alineados contigo. Es como un hotel que renueva habitaciones cuando aún están bien, para que nunca den mala impresión.

El Principito lo escuchaba fascinado: aquel hombre podía arrancar un brote con un gesto y, en la misma respiración, decir algo que valía para cuidar un jardín o una reputación.

—Arrancar un baobab a tiempo no es destruir —repitió el Jardinero, soplando sobre su taza—. Es cuidar. Es asegurarte de que lo que cultivas en tu terreno es lo que quieres que crezca.

Antes de marcharse, el Principito anotó en su cuaderno:

«Prevenir no es desconfiar, es querer que lo bueno dure.»

Y supo que, en un planeta, en una marca o en una vida, lo que destruye casi nunca llega de golpe. Empieza pequeño. Y el arte está en verlo antes de que sea demasiado tarde.

Marcas que aprendieron a vigilar sus raíces

El Jardinero sonrió cuando el Principito le preguntó si alguna vez había visto crecer un baobab sin control.

—Claro que sí —respondió—, pero también he visto jardines donde las raíces problemáticas se arrancaron a tiempo y, en su lugar, florecieron cosas hermosas.

En el mundo de las marcas, algunas han sabido reconocer esas raíces antes de que hundieran su reputación o su negocio. Y en lugar de esconderlas bajo la tierra, las han desenterrado a la vista de todos para empezar de nuevo.

Apple, por ejemplo, había plantado un hermoso jardín con su reputación de diseño impecable, pero en 2014, una raíz peligrosa empezó a crecer: varios usuarios descubrieron que el iPhone 6 podía doblarse con facilidad si se llevaba en el bolsillo trasero del pantalón. Las imágenes y vídeos se viralizaron rápidamente bajo el nombre «Bendgate», y la marca se enfrentaba a un riesgo serio de que ese brote se convirtiera en un baobab que cuestionara toda su narrativa de calidad y perfección.

Apple no negó el problema: admitió que, en casos extremos, podía ocurrir, pero lo enmarcó como algo muy poco común (solo nueve casos confirmados) y, lo que es más importante, rediseñó internamente sus modelos posteriores con chasis más resistentes. Al arrancar esa raíz de fragilidad percibida y fortalecer el tronco de su reputación, logró que el jardín de la marca floreciera de nuevo. Hoy, el «Bendgate» es un episodio recordado, pero no un baobab que dé una sombra permanente.

Otro caso reseñable sucedió en 2018, cuando una raíz de desconfianza empezó a crecer en el jardín de Starbucks: dos hombres afroamericanos fueron arrestados en una de sus cafeterías de Filadelfia por «no consumir nada» mientras esperaban a un amigo. El incidente fue grabado y difundido masivamente, generando acusaciones de racismo y cuestionando los valores de la marca.

Starbucks podría haber negado, minimizado o culpado a un empleado, pero decidió arrancar esa raíz con un gesto radical: cerró temporalmente más de ocho mil tiendas en Estados Unidos para dar formación contra prejuicios raciales a 175.000 empleados. La medida con la que cortaron por lo sano tuvo un coste enorme a corto plazo, pero evitó que el baobab de la sospecha creciera. La marca convirtió una crisis que podía haber sido devastadora en un florecimiento de coherencia con su discurso de inclusión.

El Jardinero cerró su historia mirando al Principito:

—Las raíces peligrosas no siempre son obvias e incluso a veces puede dar miedo arrancarlas y haberse equivocado, pero si esperas demasiado, crecen hasta que ya no puedes sacarlas sin destrozar el jardín. Y si las arrancas a tiempo, el hueco que dejan puede ser el mejor lugar para plantar algo nuevo.

Reflexión del Principito: «De la raíz a la flor»

Cuando el Principito se preparaba para dejar el planeta del Jardinero, volvió la vista atrás. Allí quedaban las hileras de plantas cuidadas, los huecos donde antes había raíces peligrosas y, sobre todo, las flores que habían crecido en su lugar.

El aire olía distinto. No era el perfume de una sola flor, sino esa mezcla que solo aparece cuando todo el jardín está sano. El trabajo del Jardinero no era solo plantar o regar, sino, sobre todo, vigilar que las raíces equivocadas no crecieran demasiado.

Se dio cuenta de que, en el fondo, las marcas y las personas funcionaban igual: si dejas que un problema eche raíces, crece hasta ocupar todo el espacio. Lo envuelve todo. Pero si lo arrancas a tiempo, aunque duela, dejas un claro donde puede brotar algo nuevo.

El Principito recordó entonces a todas las flores que había visto en su viaje. Algunas habían nacido después de una poda valiente. Otras se habían marchitado porque nadie se atrevió a cortar la raíz que las asfixiaba.

Miró entonces al Jardinero, que seguía trabajando sin hacer ruido, y comprendió que la prevención no es un acto puntual, sino un hábito silencioso. Que no hace falta esperar a la tormenta para reforzar las ramas, ni dejar que el tronco se agriete para decidir cuidarlo.

Antes de irse, el Principito se inclinó para oler una de las flores que había brotado donde antes había un baobab. Sonrió. Aquella flor no solo era hermosa: era fruto de una decisión a tiempo.

Y mientras emprendía el vuelo hacia su próximo destino, dejó que el viento se llevara sus últimas palabras en aquel planeta:

«Una raíz puede esconder una flor, pero una flor nunca esconde una raíz. Cuidar lo que crece empieza por cuidar lo que no se ve.»

9

El Planeta del Astrónomo:
El Marketing de la Especialización

Viajando entre dos planetas pequeños, el Principito vio algo insólito suspendido en el espacio: no era un mundo ni una nave, sino un observatorio suspendido en el vacío. Oscilaba con suavidad, estable y sereno, como si flotara al ritmo de una respiración invisible. Sus paredes eran de metal envejecido, salpicadas de pequeñas ventanillas circulares. Desde su interior, varios telescopios de bronce se asomaban como cuellos curiosos, todos apuntando obstinadamente hacia el mismo punto del cielo.

El Principito se acercó y, al asomarse por una escotilla, percibió un olor metálico y limpio, mezclado con el tenue aroma del papel viejo. Dentro, la luz era baja, casi crepuscular; la estancia estaba iluminada solo por destellos de pantallas intermitentes y el reflejo redondo de las lentes pulidas. Reinaba un silencio profundo, roto apenas por el leve zumbido de los engranajes y el rasgueo de un lápiz sobre el papel.

Allí, inclinado sobre un ocular, un hombre garabateaba cifras en un cuaderno con letra minúscula y ordenada.

—¿Qué miras? —preguntó el Principito.

—Solo un rincón del cielo —respondió el hombre, sin apartar la vista—. Pero lo conozco mejor que nadie.

Así conoció al Astrónomo. No vivía en un planeta, sino en este puesto de observación que él mismo había construido para mirar siempre lo mismo. No necesitaba moverse: todo lo que quería saber estaba en ese fragmento del universo.

—¿Miras siempre al mismo sitio? —preguntó el Principito.

—Si mirara todo, no vería nada —respondió el Astrónomo.

El Principito se quedó en silencio, observando cómo aquel hombre dedicaba toda su vida a una misma región del cielo, con una paciencia que le parecía casi imposible. Entonces decidió quedarse un tiempo allí. Quería entender qué pasaba cuando uno elegía mirar menos para ver más. Y, sobre todo, quería descubrir si esa misma atención podía aplicarse no solo a las estrellas, sino también a las personas, a las marcas y a las cosas que realmente importan.

El marketing del telescopio: mirar poco para ver mucho

El Principito se quedó un momento mirando cómo el Astrónomo apoyaba la mejilla contra el visor, tan cerca que parecía querer fundirse con el telescopio. Movía los dedos con precisión sobre unas ruedas dentadas, ajustando la orientación milímetro a milímetro, como si cualquier exceso pudiera romper la magia. La noche estaba tan quieta que hasta las estrellas parecían contener el aliento.

—¿Y no te aburres de mirar siempre lo mismo? —preguntó el Principito, inclinándose para imitar su postura.

El Astrónomo no apartó el ojo del visor, pero sonrió.

—Si miras de verdad, nunca es lo mismo. El detalle cambia, la luz cambia y tú también cambias.

El Principito probó a asomarse. Al principio solo vio un punto luminoso como cualquier otro, pero el Astrónomo giró una rueda y aquel punto se convirtió en una galaxia lejana, con un remolino de luz y sombras.

—Mi trabajo no es mirar todo el cielo —explicó el Astrónomo—, sino elegir un lugar y estudiarlo a fondo. Mucha gente cree que observar mucho es abarcarlo todo. Yo prefiero mirar poco, pero verlo todo.

El Principito pensó que eso también pasaba en otros mundos. Había marcas que abrían catálogos infinitos, lanzaban mensajes para todos y trataban de estar en cada conversación. A simple vista parecía que abarcaban mucho, pero en realidad no profundizaban en nada. Sus esfuerzos se dispersaban como luz sin lente: mucha claridad aparente, pero ningún detalle real. En cambio, otras marcas elegían un territorio muy concreto —un producto, un estilo, un tipo de cliente— y lo exploraban hasta conocerlo mejor que nadie. Ahí estaba el verdadero foco, no en decirlo todo, sino en decir lo importante con tanto conocimiento de causa que se vuelva inconfundible.

«En la vida y en el marketing, mirar poco no es limitarse, es enfocar. Cuanto más preciso es el objetivo, más profundo y valioso es lo que descubres.»

—Es como cuando eliges a un amigo y decides conocerlo de verdad —añadió el Astrónomo, anotando algo en un cuaderno lleno de diagramas y fechas—. No puedes hacerlo si pasas de conversación en conversación sin quedarte el tiempo suficiente.

El Principito lo acompañó un rato, ayudándole a ajustar el trípode y a limpiar las lentes con un paño de algodón. Se dio cuenta de que la especialización era como enfocar un telescopio: para ver con claridad, primero había que decidir hacia dónde apuntarlo y luego mantenerlo ahí el tiempo suficiente para descubrir lo invisible.

El Astrónomo volvió a mirar por el visor y señaló una estrella que, a simple vista, parecía idéntica a todas las demás.

—Ahí hay un mundo entero —dijo—. Pero si miras sin enfoque, solo verás un punto de luz.

El Principito, animado, pidió probar él mismo. Ajustó las ruedas con cuidado, aunque al principio la imagen se le escapaba una y otra vez. El Astrónomo lo observaba divertido, hasta que, finalmente, con un giro preciso, la luz se volvió nítida.

El Principito sonrió y lo anotó en su cuaderno:

«Cuanto más miras algo en concreto, más inmenso se vuelve lo que ves.»

Cuando especializarse se parece a encasillarse

Por más rato que pasaba, el Astrónomo seguía impertérrito mirando la misma región del cielo, como si cada noche quisiera descifrar un matiz nuevo dentro de ella.

—¿Y no te has planteado ni siquiera mirar un ratito otra constelación? —preguntó el Principito con curiosidad.

—No —respondió el Astrónomo—. Si saltara sin más a otra, perdería la profundidad que he ganado en esta.

Y siguió mirando.

Al principio, el niño pensó que aquello era disciplina. Pero pronto sintió que había algo extraño: una especialización tan extrema que había dejado de aprender cosas nuevas.

Y así entendió que, a veces, especializarse demasiado no es construir una mirada más nítida, sino reducirla hasta que solo cabe un fragmento del mundo.

En marketing, pasa lo mismo. Hay marcas que encuentran un nicho tan definido que, en lugar de expandirlo o evolucionarlo, se atrapan dentro de él. Al principio, esa especialización les da relevancia: son reconocidas por hacer algo muy bien. Pero con el tiempo, si no hay adaptación, la reputación se convierte en rutina y el mercado sigue moviéndose mientras ellas se quedan quietas.

El Principito recordó algunos casos de marcas atrapadas en su propio telescopio.

Kodak, por ejemplo, que durante décadas fue sinónimo de fotografía. Su especialización en carretes y película química era tan profunda que no supo reaccionar a la irrupción de la fotografía digital, aunque irónicamente fue una de las primeras en desarrollarla. Su telescopio estaba enfocado en mantener vivo el negocio de siempre, sin atreverse a mirar el nuevo firmamento que se abría frente a ellos. Cuando intentó adaptarse, el resto ya había puesto pie en la nueva galaxia.

Otro caso que le vino a la mente fue BlackBerry. Su fortaleza era tan clara —los teclados físicos y la seguridad corporativa— que se olvidaron de abrir el foco. Mientras el mercado pedía pantallas táctiles, aplicaciones y ecosistemas abiertos, BlackBerry seguía mirando la misma constelación: los ejecutivos y su correo electrónico. Cuando levantó la vista, ya era tarde. El cielo había cambiado.

El Astrónomo hizo una pausa, sin apartar del todo la vista del telescopio:

—A veces —dijo—, uno se concentra tanto en lo que mira que olvida seguir haciéndose preguntas.

El Principito entendió entonces que la especialización solo es saludable si mantiene viva la curiosidad. Que un telescopio que nunca ajusta su enfoque termina mostrando siempre la misma imagen, incluso aunque el universo cambie.

Y lo apuntó en su cuaderno:

«Ser experto no es mirar siempre lo mismo, es saber cuándo cambiar de estrella.»

Las cartas celestes que interpretaba el Astrónomo

El Astrónomo desenrolló con cuidado un viejo mapa del cielo. No era un papel cualquiera: olía a pergamino y polvo de metal, y al desplegarlo crujía como si despertara de un largo sueño. Estaba cubierto de líneas finas, coordenadas y anotaciones diminutas que parecían escritas con paciencia de siglos.

—Estas son mis cartas celestes —dijo—. No me dicen qué voy a encontrar mañana, pero me ayudan a no perderme cuando el cielo cambia.

El Principito, que nunca había visto un mapa tan preciso, se inclinó para observarlo. El Astrónomo sonrió, como si supiera que no bastaba con mirar para comprenderlo.

La primera carta tenía una estrella dibujada en tinta dorada, con un trazo tan fino que parecía brillar con luz propia. Era su recordatorio de la teoría del posicionamiento, de Ries y Trout: en un mundo saturado de mensajes, especializarse no es encerrarse, sino ocupar un lugar único y defendible en la mente del público. No basta con ser bueno, hay que ser reconocido por algo que nadie más encarna igual. «Es como elegir una estrella que brille más que las demás en tu mapa y asegurarte de que siempre sea visible.» Así lo hizo cuando comenzó a vender mapas estelares personalizados. No ofrecía catálogos genéricos ni modelos preimpresos. Invitaba a los clientes a su observatorio, donde el aire estaba impregnado de madera encerada, tinta fresca y un leve aroma a aceite de lámpara. Los sentaba en una mesa redonda, apartaba las cartas viejas y desplegaba una hoja en blanco de pergamino suave, con los bordes ligeramente oscurecidos por el tiempo. A la luz cálida de la lámpara, hacía preguntas que parecían más propias de un poeta que de un comerciante: una fecha especial, un lugar, un recuerdo, incluso un deseo para el futuro. Luego, con una pluma de punta fina, comenzaba a trazar la constelación central, perfilando cada estrella con pinceladas de plata líquida. En los márgenes anotaba datos sobre el mejor momento para verla y pequeñas historias ligadas a su significado. Cuando lo entregaba, lo envolvía en papel vegetal, lo ataba con cordel de lino y lo sellaba con cera azul marcada con el símbolo de su telescopio. Quien lo recibía no veía solo un mapa: veía su propia historia escrita en el cielo.

La segunda carta llevaba un círculo oscuro en el centro, como un lente pintado. Representaba lo que Michael Porter llama «foco estratégico»: en lugar de intentar abarcarlo todo, concentrar los recursos en un punto concreto, ya sea por coste o por diferenciación; centrarse en un nicho de mercado específico en lugar de competir en un mercado amplio. La amplitud puede parecer ambición, pero en exceso se convierte en dispersión. «Quien intenta mirar todo el cielo a la vez, no ve nada con claridad.» Para aplicarlo, creó una serie de filtros de telescopio especializados. Cada filtro estaba diseñado para un solo tipo de estrella: algunos realzaban el azul intenso de las gigantes jóvenes, otros resaltaban el rojo apagado de las enanas viejas, y otros suavizaban la luz para que las nebulosas se vieran más definidas. Los fabricaba en su taller, donde las paredes estaban cubiertas de esquemas ópticos y la mesa central siempre tenía cajas de herramientas abiertas: destornilladores finos, paños de microfibra, anillos de montaje y lentes pulidas que brillaban como gotas de hielo. Antes de entregarlo, sacaba el filtro de un estuche forrado de terciopelo negro, lo ajustaba con cuidado al telescopio del cliente y lo invitaba a mirar. El instante en que el cliente exhalaba un suspiro de asombro era, para él, la confirmación de que había apuntado exactamente a la estrella correcta.

En la tercera carta, el papel estaba dividido en franjas con anotaciones minuciosas sobre distancias y herramientas.

Era su guiño a Philip Kotler y al marketing diferenciado: fragmentar el mercado y estudiar a fondo un segmento, comprender sus características únicas y adaptar la propuesta de valor como un traje a medida. No se trata de ofrecer lo mismo a todos, sino de ajustar la forma, el tono y los recursos al observador. «Una estrella no se observa igual con un telescopio que con prismáticos; la herramienta debe ajustarse al objeto.» El Astrónomo contaba cómo, cuando recibía a observadores novatos, preparaba oculares sencillos y les enseñaba primero a localizar la estrella a simple vista para que comprendieran su posición y contexto. En cambio, con astrónomos experimentados, afinaba los ajustes y les ofrecía lentes de precisión extrema.

Otra carta, más gastada, mostraba flechas que conectaban constelaciones lejanas. Representaba la teoría de las competencias centrales de Prahalad y Hamel: identificar las habilidades únicas que permiten crear valor sostenido, crear una ventaja competitiva y adaptarse a nuevos escenarios. Las herramientas cambian, las estrellas también, pero si tu destreza central permanece, podrás moverte en cualquier cielo. «El cielo cambia, pero si conoces tu forma de navegar no importa si aparecen constelaciones nuevas.» Por eso, incluso en noches nubladas, salía al campo para practicar la orientación con apenas unas pocas estrellas visibles, afinando una habilidad que ningún cambio de cielo podría arrebatarle.

En un rincón del mapa, el Principito vio un dibujo de una estrella con un pequeño reloj de arena al lado. Era su recordatorio de la curva del ciclo de vida: toda especialización nace, crece, madura y, si no se renueva, declina. «No basta con saber dónde está la estrella; hay que prever cuándo su luz se apagará.» El Astrónomo explicaba que, por muy querida que fuera una constelación, nunca la observaba como un territorio cerrado: dentro de ella siempre exploraba nuevas estrellas. Alternaba sus observaciones y dedicaba tiempo a nuevas luces, para que el día que alguna comenzara a apagarse, no le sorprendiera sin rumbo.

Y, en el borde exterior, había un espacio en blanco salpicado de diminutos puntos plateados. Era su recordatorio de los océanos azules de Kim y Mauborgne: buscar cielos menos saturados donde la especialización pueda expandirse sin chocar con miles de telescopios apuntando al mismo lugar, evitando la competencia directa de los mercados abarrotados. «A veces, la mejor constelación no está en tu carta… todavía.» Una noche, el Principito lo vio ajustar lentamente su telescopio. No estaba abandonando su constelación habitual, solo desplazó unos grados el enfoque, hacia un rincón casi vacío que quedaba en el límite de su territorio de observación. «Aquí hay menos luz, pero más horizonte», dijo. Horas después, había dibujado una nueva carta, no como sustituta de la anterior, sino como una extensión natural de su constelación, un pequeño grupo de estrellas que nadie más había registrado aún. Era su manera de recordar que, incluso cuando uno tiene un foco claro, siempre hay espacio para explorar nuevas posibilidades sin perder el rumbo.

El Principito anotó cada idea como si trazara su propio mapa mental. Antes de guardar su cuaderno, escribió una frase que quería recordar siempre:

«Especializarse no es encadenarse a una estrella, es aprender a seguir su luz sin perderse cuando el cielo cambie.»

—Entonces —preguntó—, ¿especializarse es como dibujar un mapa de estrellas que siempre se pueda volver a trazar?

—Exactamente —respondió el Astrónomo—. Porque las cartas celestes no son para quedarse quieto. Son para no perderte cuando decidas moverte.

Órbitas personales: cuando la marca soy yo

El Astrónomo, mientras movía su telescopio de un lado a otro, persiguiendo cualquier punto luminoso que cruzara el cielo, le confesó al Principito que el mayor error no era no mirar, sino mirar demasiado y en demasiadas direcciones.

En este planeta, el Principito imaginó al Cazador de Destellos, alguien que nunca se queda el tiempo suficiente para comprender un cielo. Una noche habla con entusiasmo de una constelación lejana; a la siguiente, de otra completamente distinta. Hoy apunta hacia un rincón del firmamento, mañana hacia el opuesto. En el mundo del branding personal, se parece a quien cambia constantemente de tema, de tono o de identidad: un mes es experto en productividad; al siguiente, en cocina; después, en inversión... y así, saltando de órbita en órbita, nunca permite que nadie reconozca cuál es su verdadera constelación.

El problema no es explorar. El problema es no quedarse el tiempo suficiente en ningún lugar como para que florezca un vínculo. El Cazador de Destellos persigue siempre la luz más nueva, pero cuando esa claridad empieza a pedir paciencia, ya se ha marchado tras otro brillo. Su audiencia lo sigue un tiempo, pero termina perdiendo la referencia: no saben cuál es su auténtica constelación.

En branding personal, esto significa no tener un relato consistente. Puede ser un creador que, buscando crecer rápido, cambia de enfoque cada trimestre —recetas, inversión, desarrollo personal—, o un profesional que adapta su mensaje según la moda del momento. Ambos generan atención pasajera, pero no construyen una comunidad fiel: su identidad se diluye antes de arraigar.

Pero el Principito también recordó que hay quienes han encontrado su cielo y lo exploran con paciencia. No porque teman perderse, sino porque saben que, cuanto más conoces una estrella, más grande se vuelve tu propio cielo.

Jane Goodall era una de ellas: en lugar de repartir su atención entre todas las maravillas del planeta, decidió quedarse mirando a los ojos de los chimpancés. Llegó a las selvas de Gombe, en Tanzania, en 1960 con un cuaderno, unos prismáticos y una paciencia que no entiende de prisa. Lo que para otros hubiera sido un capítulo de investigación, para ella fue una vida entera. Su observación detallada reveló comportamientos antes inimaginables: chimpancés fabricando herramientas, mostrando empatía, cuidando a sus crías con ternura... Al centrarse en esa única constelación, no solo transformó la primatología, sino que construyó una voz global para el activismo ambiental. Hoy, su legado sigue vivo y cada charla, cada libro, cada programa educativo de su fundación sigue apuntando al mismo objetivo: proteger a los chimpancés y su hábitat. Goodall no necesitó mirar todo el cielo para cambiar el mundo; eligió un rincón y lo iluminó hasta que todos pudimos verlo.

El Principito pensó también en Marie Kondo, que convirtió el orden en su estrella particular. Cuando publicó *La magia del orden*, no enseñaba únicamente a doblar camisetas, estaba declarando la idea que guiaría toda su trayectoria: la convicción de que el orden exterior es una puerta hacia el bienestar interior. Desde ahí creó libros, programas de televisión, cursos y hasta productos físicos, siempre orbitando la misma constelación: conservar solo lo que despierta alegría.

Con los años, sin embargo, su estrella no desapareció, pero sí cambió de brillo dentro de su constelación. En 2023 confesó que, con la llegada de sus hijos, su casa ya no estaba impecable. Muchos lo interpretaron como un abandono, pero en realidad era una evolución: demostrar que el orden no es un dogma rígido, sino un aliado flexible, capaz de adaptarse a las estaciones de la vida. Ese gesto, lejos de debilitar su marca personal, la acercó más al mundo real. Porque incluso el Astrónomo sabe que una estrella puede variar de intensidad y seguir guiando.

El Principito sonrió al recordar a otro que, aunque en un campo distinto, también había decidido no abarcar todas las constelaciones. Ferran Adrià no quiso ser el chef más versátil, capaz de dominar cualquier cocina; quiso ser el explorador incansable de lo que un plato puede llegar a ser. En su restaurante El Bulli, convirtió la cocina en un laboratorio creativo, desmontando recetas, inventando técnicas y desafiando la idea misma de «comer». Espumas, deconstrucciones, menús de treinta pases... Todo era parte de una misma constelación: la reinvención de la experiencia gastronómica. Cuando cerró, no abandonó su órbita, sino que la expandió en nuevas direcciones: educación culinaria, investigación de procesos creativos, colaboración con universidades, etc. Su telescopio nunca dejó de señalar al mismo punto, pero desde ángulos cada vez más sorprendentes.

El Principito comprendió más aún que encontrar tu órbita no significa ignorar el resto del cielo. Significa saber qué estrella te guía para no perderte cuando otras luces intenten distraerte. Y que, igual que el Astrónomo, una marca personal que sabe a qué cielo pertenece no necesita perseguir cada destello nuevo: su luz ya está donde debe estar.

Instrucciones para elegir y enfocar tu estrella

El Principito todavía recordaba la primera vez que el Astrónomo le había dejado mirar por su telescopio. Aquella noche había aprendido que la especialización era como elegir una constelación y dedicarle tu atención, sabiendo que dentro de ella siempre habría estrellas nuevas que descubrir.

Pero esta vez, el Astrónomo tenía algo más que enseñarle: no solo cómo encontrar su constelación, sino cómo elegir la estrella que le serviría de referencia dentro de ella.

—Ven esta noche al observatorio —le dijo—, pero con una condición: nada de mirar todo el cielo.

El niño subió a la cúpula llevando su bufanda y una curiosidad que parecía más grande que él. El Astrónomo le ofreció un termo de chocolate caliente y comenzó a ajustar el trípode del telescopio.

—El cielo está lleno de luces, algunas más brillantes, otras más cercanas —dijo mientras giraba una pequeña rueda—, pero si intentas mirarlas todas, acabarás deslumbrado. La clave no es cuántas ves, sino qué territorio eliges explorar.

Hizo una pausa, cerrando los ojos como si repasara un mapa invisible.

—Antes de mirar hacia fuera, pregúntate por qué miras. En una empresa, eso es el propósito; en una persona, la motivación que vuelve a ti una y otra vez, aunque intentes ignorarla. Esa es tu verdadera coordenada inicial.

Se levantó para girar lentamente la compuerta del observatorio, dejando fuera de vista buena parte del cielo.

—Elegir también significa cerrar. En el mercado, habrá luces nuevas cada semana, modas y tendencias que parecen irresistibles, pero si intentas seguirlas todas, pierdes el foco. Focalizar es renunciar, y renunciar es estrategia.

Volvió a inclinarse sobre el telescopio y cambió el ocular por otro más potente.

—Y aunque tengas clara tu constelación, no pienses que basta con dejar el telescopio fijo en una de sus estrellas. El cielo se mueve, y tú también. Afinar el enfoque cada día mantiene viva la especialización. Tu constelación no cambia, la estrella desde la que la miras, sí.

Se apartó para que el Principito pudiera mirar.

—No compares tu estrella de referencia con la de los demás —le dijo, señalando una luz tenue en medio de destellos más intensos—. Algunas guían a navegantes durante siglos, otras brillan con intensidad y desaparecen rápido. La autenticidad se pierde cuando intentas imitar el brillo ajeno.

Mientras el niño observaba, el Astrónomo ajustó el ángulo hacia un grupo de estrellas que parecían conversar entre sí.

—No basta con contemplar desde fuera: hay que habitar la constelación que eliges. Participar, contribuir, colaborar. La especialización aislada se marchita; en diálogo, se fortalece.

Por último, apoyó la mano en el telescopio y habló más bajo.

—Incluso las constelaciones se desplazan. Lo que parecía inmutable cambia de posición, y el verdadero mérito está en seguirlas sin perder el horizonte. Evolucionar no es traicionar tu esencia, es mantener tu luz viva en contextos nuevos.

El Principito bebió el último sorbo de chocolate y miró al cielo, sabiendo que no necesitaba abarcarlo todo para sentirse parte de él.

—No elijas la constelación más brillante —susurró el Astrónomo mientras apagaba las luces del observatorio—. Elige la que, aunque sea pequeña, te haga querer mirarla toda la vida.

El niño bajó las escaleras del observatorio con la sensación de llevar un mapa nuevo en el bolsillo. Supo que, tanto en el cielo como en la vida, pertenecer a una constelación no es cuestión de distancia, sino de cuidado mutuo. Y que, si algún día encontraba su estrella dentro de ella, no la dejaría sola, se quedaría lo suficiente como para que ella también lo reconociera.

Marcas que encontraron su cielo

El Astrónomo le explicó al Principito que, en ocasiones, las estrellas no se apagan porque pierdan su luz, sino porque el observador se distrae mirando otras. Y que, en el mundo de las empresas, ocurre igual: una marca puede tener su estrella clara y, sin embargo, perderla por querer iluminar todo el cielo a la vez.

Le habló de Starbucks, una compañía que desde 1971 había hecho del café algo más que una bebida, y que bajo la visión de Howard Schultz —CEO entre 1987 y 2000— había convertido el concepto del «tercer lugar» en su estrella estratégica: un espacio entre el hogar y el trabajo donde las personas podían reunirse, relajarse o trabajar, con el café como catalizador de una experiencia comunitaria. Sin embargo, a mediados de los 2000, durante el mandato de Jim Donald, la obsesión por el crecimiento llevó a abrir más de trece mil locales en todo el mundo, muchos de ellos sin la personalidad y calidez que caracterizaban a la marca. Paralelamente, se introdujeron menús y productos ajenos a su identidad —desde sándwiches pesados que ocultaban el aroma del café hasta CD de música— y se lanzaron conceptos de retail periféricos. El resultado fue que en 2007 las acciones habían caído un 42 % desde su máximo histórico, y las ventas comparables empezaban a estancarse.

En enero de 2008, Schultz regresó al cargo de CEO y, como buen astrónomo, cerró la cúpula del observatorio para volver a enfocar el telescopio. Ordenó cerrar seiscientas tiendas en EE. UU., interrumpió líneas de producto que no aportaban al core, y lanzó un programa de formación simultánea para 135.000 baristas, cerrando temporalmente todas las cafeterías del país durante tres horas para recalibrar el estándar de preparación del *espresso*. Invirtió en tecnología para personalizar la experiencia del cliente y rediseñó locales para devolverles carácter. En menos de dos años, la marca recuperó crecimiento, y para 2010 sus acciones se habían revalorizado un 143 % desde el punto más bajo de la crisis, confirmando que volver a poner el foco en la estrella original había devuelto a Starbucks su luz.

Pero la historia no terminó ahí. Tras aquel renacer, la compañía volvió a desviarse de su rumbo, y en 2022 Schultz tuvo que regresar de nuevo, de manera temporal, para enfrentar la presión creciente de la organización sindical y la pérdida de confianza interna. Una vez más, el Astrónomo volvía a mirar por el telescopio, recordando que incluso las estrellas más brillantes necesitan reenfocarse de vez en cuando.

También le habló al Principito de Harley-Davidson, un icono del motociclismo estadounidense cuya estrella siempre había sido la experiencia de libertad, hermandad y poderío mecánico sobre dos ruedas. En los años setenta, acosada por la competencia japonesa y tras ser adquirida por AMF en 1969, la compañía intentó diversificarse con modelos más pequeños y baratos para competir en segmentos que no dominaba. La estrategia diluyó su posicionamiento y afectó gravemente su reputación: la calidad de los modelos bajó, la lealtad de los clientes se erosionó y, en 1981, las ventas habían caído casi un 50 % desde su pico de finales de los sesenta.

Ese mismo año, un grupo de trece directivos de la marca, liderados por Vaughn Beals y Willie G. Davidson, recompró la compañía a AMF, y como el astrónomo que vuelve a su estrella, decidieron cambiar el foco. Eliminaron líneas que no encajaban con su ADN, apostaron por mejoras de calidad y recuperaron la personalización y la experiencia comunitaria como ejes de valor. Reforzaron el Harley Owners Group (H. O. G.), que pasó de treinta mil miembros en 1983 a más de quinientos mil en 1990, convirtiéndose en un ecosistema de pertenencia que blindaba la marca frente a competidores. A finales de esa década, Harley había multiplicado por diez su valor en bolsa y recuperado una cuota de mercado dominante en su segmento. La luz de su estrella, lejos de apagarse, brillaba más intensa que nunca.

El Principito entendió que, para una empresa, reenfocar no es un retroceso, sino una maniobra para no perder la alineación con la luz que le da sentido. Igual que en el cielo, las constelaciones no se reconocen por todas las estrellas que contienen, sino por aquellas que, unidas, dibujan siempre la misma figura, noche tras noche.

Reflexión del Principito: «Del todo difuso al punto brillante»

El Principito se quedó un momento en silencio, mirando el cielo como quien repasa mentalmente cada luz que ha aprendido a reconocer. Había descubierto que no se trata de acumular más estrellas que nadie, sino de cuidar la constelación que te da sentido. Entendió que, en la vida, como en el marketing, no hay nada más caro que perder el foco, y nada más valioso que protegerlo.

Recordó al Astrónomo explicándole que la fidelidad a una constelación no significa renunciar a explorar, sino asegurarte de que siempre tendrás un norte al que volver. Vio que lo mismo ocurría con las personas que habían encontrado su vocación y con las marcas que habían vuelto a su esencia: Jane Goodall, que dedicó una vida entera a los chimpancés; Marie Kondo, que ordena vidas desde un punto de luz muy concreto dentro de su universo; Ferran Adrià, que explora los límites de la cocina sin salir de su propio cielo creativo; Starbucks, que recuperó el aroma del café como centro de su mapa; Harley-Davidson, que volvió a rugir en la constelación que siempre les había definido...

Cada una había demostrado que crecer no es añadir más astros dispersos al mapa, sino aprender a mirar mejor los que ya sostienen tu relato. Porque un cielo lleno de destellos inconexos no cuenta ninguna historia, pero una constelación coherente puede guiar a generaciones enteras.

El Principito sonrió. Sabía que, desde aquel momento, cuando mirara el cielo de noche, buscaría primero su constelación y, dentro de ella, la pequeña estrella que marcaría su rumbo. Y que, como las marcas que no se dejan arrastrar por cada luz pasajera, aprendería a distinguir entre brillar y simplemente estar encendido.

Antes de seguir su viaje, abrió su cuaderno y anotó con letra de trazo suave:

«No hace falta un cielo lleno de luces, basta con cuidar la constelación que te guía.»

10

El Planeta del Geógrafo:
El Marketing de la Investigación

El Principito había pasado varios días en un observatorio tan pequeño que no podía caminar más de tres pasos sin volver al punto de partida. Una mañana, encontró en el suelo algo extraño: una cometa vieja, con la tela descolorida y algunas costuras rotas, pero con una cuerda aún fuerte. Pensó que, si el viento quería ayudarle, podría llevarlo lejos.

Esperó a que soplara una ráfaga y, cuando llegó, la cometa se elevó con fuerza, arrastrándolo hacia el cielo. El Principito cerró los ojos y sintió que el aire olía a sal y a tinta fresca, como si sobrevolara puertos donde se imprimen cartas náuticas. La corriente lo llevó a través de nubes tan blancas que parecían páginas en blanco, hasta que divisó un planeta redondo con un brillo dorado, como un globo terráqueo antiguo iluminado por una lámpara suave.

Al aterrizar, descubrió que no había mares ni montañas reales: todo estaba dibujado, pintado, grabado. Caminaba sobre mapas que se desplegaban bajo sus pies, algunos con ríos azules que parecían moverse, otros con desiertos que desprendían un calor seco. El aire estaba impregnado del olor de los atlas viejos, mezclado con el perfume salino de tierras lejanas y un ligero toque metálico de compases y sextantes.

La luz provenía de lámparas que flotaban como pequeños soles, iluminando cada rincón con una calidez distinta. Las paredes estaban cubiertas de estanterías infinitas repletas de cuadernos, cada uno con un título en letras cuidadas: «Mercados del oeste en expansión», «Rutas comerciales olvidadas», «Tierras aún por explorar»...

En el centro, detrás de un escritorio redondo que parecía una rosa de los vientos, estaba el Geógrafo. Tenía una barba fina como el polvo de tiza que parecía haberse acumulado a fuerza de años inclinándose sobre mapas, y unas gafas enormes que agrandaban sus ojos, dándole un aire de alguien que ha visto más a través de mapas que de ventanas. Cuando el Principito se acercó, él levantó la vista y sonrió.

—Bienvenido —dijo—. Aquí no encontrarás caminos para andar, sino mapas para decidir dónde merece la pena caminar.

Luego, bajando un poco la voz, añadió:

—Y también algunos lugares que nadie se atreve a dibujar.

Aquella frase, como un secreto compartido, encendió en el Principito una curiosidad inmediata. Supo al instante que quería quedarse para descubrir cuáles eran esos lugares y por qué el Geógrafo no los mostraba a todo el mundo.

El marketing de la investigación: cuando conocer el mapa cambia el viaje

El Geógrafo estaba inclinado sobre un gran mapa desplegado en su escritorio redondo, trazando líneas finas con una pluma que parecía flotar sobre el papel. Tenía a un lado una brújula de latón, un tintero y un pequeño recipiente con granos de arena, que usaba para fijar los mapas recién entintados.

—Antes de avanzar hacia cualquier lugar —dijo sin apartar la vista del mapa—, hay que saber qué hay más allá del horizonte.

El Principito, apoyado sobre el borde del escritorio, lo observaba mover la brújula para medir distancias.

—¿Y si uno no tiene mapa? —preguntó.

—Entonces puede descubrir maravillas... o perderse en desiertos interminables. —El Geógrafo levantó la mirada—. Lo mismo le pasa a una marca que actúa sin antes investigar: puede tener suerte o gastar sus recursos en un mercado que nunca existió para ella.

El Geógrafo le tendió un mapa antiguo. Las costas estaban delineadas con precisión, pero en el centro había un gran espacio vacío con la leyenda «Terra incognita».

—Esto no es un error —explicó—. Es una honestidad. Admitir lo que no sabes es el primer paso para aprenderlo.

En marketing, las mejores empresas son las que reconocen lo que ignoran y se esfuerzan por descubrirlo antes de avanzar. El Principito pasó los dedos por las zonas en blanco, como si quisiera llenarlas él mismo.

—Entonces, ¿la investigación es como dibujar esas partes vacías?

—Exacto —asintió el Geógrafo—. En marketing lo llamamos «conocer tu territorio de marca»: saber dónde tienes fuerza, dónde es peligroso entrar y dónde hay oportunidades. Igual que un explorador, una marca necesita saber qué tierras ya son suyas, cuáles debe conquistar y cuáles debe evitar.

Mientras hablaba, el Geógrafo guardaba un mapa y desplegaba otro, esta vez más nuevo, sobre el que marcó varios puntos con tinta roja. El Principito, curioso, tomó otra pluma y lo imitó, trazando círculos pequeños en los bordes del mapa.

—Pero un mapa no sirve si no sabes interpretarlo —continuó el Geógrafo—. Un mismo dato puede llevar a rutas muy distintas según quién lo mire. Un aumento de ventas puede parecer un éxito hasta que descubres que viene de un mercado que no es sostenible. Una caída en la demanda puede parecer un problema hasta que entiendes que es solo estacionalidad.

El Principito asintió, recordando algo que había aprendido en otros planetas: no gana quien camina más rápido, sino quien sabe hacia dónde se dirige. En ese instante, entendió que la investigación no es un lujo, sino un seguro de viaje.

No encontró su cuaderno a mano, así que tomó la pluma y se escribió en la palma:

«El mapa no es el viaje, pero sin mapa el viaje puede perderse.»

Cuando dibujar mapas se parece a contar cuentos

El Principito observó cómo el Geógrafo trazaba líneas finas sobre un pergamino enorme. Había mares donde quizá nunca hubo agua, montañas más altas de lo que cualquier viajero recordaría y rutas que parecían llevar a lugares que nadie había pisado jamás.

—¿Y cómo sabes que todo esto es cierto? —preguntó el Principito.

—Porque así me lo han contado —respondió el Geógrafo, sin levantar la vista.

El Principito pensó que ese era el peligro de algunos mapas: se dibujan basándose en historias, no en hechos. Y en marketing ocurre lo mismo cuando una marca construye su estrategia a partir de datos no contrastados o de estudios que solo confirman lo que ya querían creer. Es como si un navegante decidiera su ruta siguiendo el relato de un marinero que nunca salió del puerto.

El Geógrafo le contó que, en el mundo de las empresas, hay mapas llenos de islas que nunca existieron. Uno de los ejemplos más sonados fue Google Glass, presentado en 2012 como un salto revolucionario hacia la «computación vestible». Las gafas proyectaban información en una micro pantalla sobre el ojo derecho y permitían grabar, buscar y recibir notificaciones sin usar las manos. El entusiasmo en la prensa tecnológica y en eventos como Google I/O fue inmediato, y los vídeos promocionales tuvieron millones de visualizaciones. Sin embargo, la investigación que impulsó el proyecto se apoyó sobre todo en ese entusiasmo de nicho, extrapolando la aceptación de *early adopters* a todo el mercado.

Lo que no midieron —o midieron tarde— fueron las barreras sociales y culturales: el rechazo a ser grabado sin consentimiento, la incomodidad física de llevar un dispositivo sobre la cara y la percepción de elitismo por su precio de mil quinientos dólares. En menos de tres años, el producto pasó de icono futurista a sinónimo de fracaso comercial, convirtiéndose en un ejemplo clásico de cómo un mapa dibujado sobre opiniones entusiastas puede ignorar montañas de resistencia real.

Otro caso célebre fue New Coke, en 1985, el error que casi le cuesta la vida a la marca de refrescos más famosa del mundo. En plena «guerra de colas» contra Pepsi, Coca-Cola notó que su rival le ganaba cuota en pruebas de sabor a sorbos, especialmente entre los jóvenes. Decidieron reformular la bebida, desarrollando una versión más dulce que superaba a la original en la mayoría de blind tests. Las cifras parecían sólidas: más de doscientas mil pruebas realizadas, un 55 % de preferencia por la nueva fórmula. Pero el mapa que dibujaron medía el atributo del sabor únicamente en un contexto artificial de prueba rápida, ignorando el peso simbólico y cultural de la Coca-Cola clásica.

Fue como si el Geógrafo hubiera dibujado con precisión todos los ríos y montañas de un territorio, pero olvidando indicar las ciudades donde vive la gente. El trazado era técnicamente correcto, pero no representaba lo que hacía que ese lugar fuera valioso para sus habitantes. El 23 de abril de 1985 lanzaron la nueva fórmula, sustituyendo por completo a la anterior, que dejó de estar disponible. En cuestión de días, las líneas de atención al cliente recibieron miles de llamadas de protesta; hubo manifestaciones en ciudades como Atlanta, e incluso fans que almacenaban latas antiguas como si fueran reliquias.

Apenas 79 días después, el 11 de julio de 1985, la compañía anunció el regreso de la fórmula original bajo el nombre «Coca-Cola Classic». El error costó millones en cambios de producción y publicidad, pero sirvió para reforzar la lealtad emocional hacia la marca original.

El Geógrafo también recordó el caso de Segway, presentado en 2001 como el invento que revolucionaría el transporte urbano. El proyecto, conocido internamente como «Ginger», estuvo rodeado de secretismo durante años. Los inversores y medios que lo probaron en privado quedaron fascinados con su tecnología de equilibrio automático y su diseño futurista. Antes incluso de su lanzamiento, ejecutivos influyentes como Steve Jobs o Jeff Bezos predijeron que cambiaría por completo el diseño de las ciudades. El mapa que tenían dibujado parecía perfecto: se estimaba que venderían diez mil unidades al mes.

Sin embargo, la investigación de mercado que sustentó estas previsiones estaba centrada en segmentos muy reducidos —usuarios corporativos y entusiastas de la tecnología—, sin medir con rigor la aceptación del público general. El precio de cinco mil dólares, las restricciones legales para circular por aceras y carreteras, y la incomodidad de almacenar y cargar el vehículo limitaron gravemente su adopción. En su primer año, Segway vendió apenas seis mil unidades, muy lejos de las previsiones. En 2020, tras casi dos décadas en el mercado, la producción cesó de forma definitiva. El mapa que había seguido no era falso, pero estaba dibujado sobre una escala equivocada y con rutas que la mayoría nunca iba a transitar.

El Principito comprendió que un mapa no es una garantía, sino una hipótesis que necesita validación constante. Un dato mal interpretado puede ser como una montaña mal colocada: no solo te desorienta, sino que te obliga a recorrer kilómetros de más para llegar al destino. Y, a veces, el mayor peligro para un explorador no es perderse, sino caminar convencido de que sabe exactamente dónde está cuando en realidad está en un universo ficticio.

Las cartografías que estudiaba el Geógrafo

El Principito vio que, sobre la mesa del Geógrafo, había un atlas abierto y varios mapas dispersos. Entre ellos, páginas con fechas y nombres: Kotler, Aaker, Ries, Ansoff...

—¿Quiénes son? —preguntó.

—Exploradores —respondió el Geógrafo—. No con botas y brújula, sino con ideas y modelos para entender territorios comerciales.

Señaló un mapa lleno de anotaciones y explicó que Philip Kotler, uno de los grandes teóricos, señalaba la investigación como el primer paso del marketing management: analizar las oportunidades de mercado antes de segmentar, posicionar o definir el marketing mix. Sin esa base, todo lo demás se apoya en arena. Recordó cuando una empresa de tés le encargó un plan de expansión: antes de invertir, investigaron costumbres locales y descubrieron que la población prefería infusiones frías con frutas cítricas. Ajustaron el producto antes de lanzarlo y evitaron el fracaso que habría supuesto llegar con tés negros calientes.

Giró el atlas y apareció la Matriz de Ansoff, con cuatro rutas dibujadas en forma de flechas para ayudar a las empresas a identificar oportunidades de crecimiento: penetración de mercado, desarrollo de producto, desarrollo de mercado y diversificación. «Pero, para saber cuál tomar, primero hay que conocer bien el terreno», dijo. Contó cómo una panadería de su planeta quiso diversificar vendiendo mermeladas. Sobre el papel parecía brillante, pero los datos mostraron que el mercado ya estaba saturado; en cambio, había margen para vender pan sin gluten, una penetración más profunda en su mercado actual que les trajo nuevos clientes sin hacerles perder a los fieles.

Pasó a un mapa de círculos conectados: el Brand Identity System de David Aaker, que define los activos y pasivos vinculados necesariamente a la marca que añaden o sustraen valor a los productos o servicios. «Una marca es como un país: tiene una identidad central y elementos periféricos que la enriquecen. Para trazarla bien, hay que preguntar dentro y fuera.» Recordó cuando ayudó a un fabricante de cuadernos artesanales. Internamente creía que su mayor valor era la calidad del papel; los compradores, sin embargo, lo elegían por las portadas ilustradas a mano. Cambió la comunicación para mostrar el trabajo de los artistas y las ventas crecieron.

En un cuaderno aparte, el Principito vio gráficos como remolinos. Eran las Cinco Fuerzas de Michael Porter, que ayudan a una empresa a comprender su estructura y rentabilidad potencial: competencia directa, poder de proveedores y de clientes, y amenaza de sustitutos y de nuevos entrantes. «Son como corrientes marinas y vientos, si no las estudias, puedes acabar a la deriva», explicó. Contó la historia que un mercader le relató sobre una compañía de lámparas que invirtió en un nuevo modelo justo cuando entraban al mercado velas decorativas muy baratas. La corriente competitiva los arrastró antes de poder reaccionar.

Luego desplegó un mapa de rutas invisibles. Era el Jobs To Be Done (JTBD) de Clayton Christensen, que postula que las personas compran productos o servicios para «realizar un trabajo» y, en lugar de centrarse en las características de producto, su enfoque está en entender las motivaciones que los clientes quieran resolver, es decir, qué territorio quieren conquistar con cada compra. «No es solo qué compra, sino qué problema quiere resolver.» El Geógrafo recordó cómo, en una feria local, una marca de termos personalizaba cada unidad preguntando al comprador para qué lo usaría: para té en la oficina, para agua fría en excursiones, para sopas en invierno. No vendían el mismo termo, sino la solución adaptada a cada caso.

De otro estante, sacó estudios de Daniel Kahneman y Amos Tversky, según los cuales, las decisiones humanas no son puramente racionales, sino que están influenciadas por sesgos cognitivos. «En mis mapas, eso son desvíos no señalizados, lugares donde el viajero cambia de rumbo sin saber por qué», dijo. Recordó un producto que pudo funcionar, pero fracasó: un juego de mesa para familias. El anuncio mostraba todas las reglas y variantes en un solo cartel; había tanto que aprender que la gente lo posponía. Era la paradoja de la elección en acción.

En otro mapa, más parecido a una carretera, estaba el modelo EBK (Engel, Blackwell y Kollat), con sus cinco etapas para describir y comprender el proceso de toma de decisiones del consumidor: reconocimiento de la necesidad, búsqueda de información, evaluación de alternativas, decisión de compra y comportamiento posterior. «No dice qué camino exacto tomará cada viajero, pero sí por qué etapas pasará.» Recordó un mercado de frutas donde la compra se detenía en la fase de evaluación porque los clientes no probaban el producto. Pusieron bandejas con trozos de fruta y las ventas se dispararon.

Por último, mostró dos tipos de mapas: los de trazos amplios y los de precisión milimétrica. Explicó que la investigación exploratoria es como dibujar la costa desde el mar para descubrir territorios nuevos o tendencias incipientes, mientras que la concluyente es como medirla desde tierra firme para validar con certeza antes de actuar. Recordó cómo una empresa de juguetes exploró la idea de vender kits de astronomía infantil; la exploratoria mostró entusiasmo en colegios, la concluyente reveló que el precio debía ser menor para que los padres lo compraran. Ajustaron y el producto despegó.

Además, ese día el Geógrafo se estaba preparando para vender mapas de navegación para comerciantes estelares. El Principito, intrigado, se quedó para verlo trabajar.

Comenzó con Kotler, revisando climas, rutas comerciales y hábitos de los navegantes. Descubrió que muchos viajaban por sectores poco cartografiados y dependían de información desactualizada. Marcó esos vacíos con tinta roja: «Aquí está nuestra oportunidad».

Después abrió la Matriz de Ansoff. Entre las cuatro rutas, eligió la de desarrollo de producto: sus mapas serían digitales, con actualizaciones en tiempo real y compatibilidad con los navegadores de las naves más modernas.

Llegó al Brand Identity System de Aaker y definió la identidad central como «precisión y confianza». En los elementos periféricos tomó decisiones muy concretas: tipografía *serif* fina, parecida a las letras de los mapas antiguos para transmitir tradición; colores azul profundo para el fondo y dorado para las rutas, evocando exploraciones legendarias; iconos con bordes redondeados para que incluso un mapa nuevo pareciera parte de una tradición centenaria.

Consultó las Cinco Fuerzas de Porter y vio que la amenaza mayor eran las plataformas gratuitas. Su defensa sería ofrecer datos certificados por exploradores oficiales y rutas con verificación diaria.

En el JTBD identificó tres motivaciones: encontrar rutas más cortas, evitar zonas peligrosas y descubrir oportunidades comerciales antes que otros. Para cada una diseñó un ejemplo visual con rutas verdes para acortar el viaje, rojas para indicar peligro y doradas para territorios inexplorados.

Usó los estudios de Kahneman y Tversky para diseñar una oferta limitada: un paquete con acceso exclusivo a sectores recién descubiertos, disponible solo para los primeros compradores.

Con el modelo EBK cubrió cada fase de la toma de decisión: necesidad (alertas sobre rutas obsoletas), búsqueda de información (comparativas con mapas antiguos), evaluación (testimonios de comerciantes), compra (pago simplificado) y comportamiento posterior (un año de actualizaciones gratuitas).

Finalmente, probó la idea con investigación exploratoria en un grupo reducido de capitanes y validó el precio y la propuesta con investigación concluyente.

El Principito lo miraba fascinado, pues cada paso era como dibujar un mapa dentro de otro mapa, hasta que el producto estaba tan claro como el cielo despejado.

Antes de cerrar su cuaderno, anotó:

«Quien no conoce el terreno, confunde un pantano con un puerto.»

Coordenadas personales: cuando la marca soy yo

El Geógrafo sacó de un cajón un cuaderno más pequeño que el resto. No estaba lleno de océanos y cordilleras, sino de nombres, retratos y pequeñas anotaciones escritas con letra firme.

—Este no es un mapa de territorios —dijo—. Es un mapa de personas.

Le explicó al Principito que, igual que una empresa necesita investigar antes de lanzarse a un nuevo mercado, una persona que quiera construir su marca personal necesita entender su propio terreno: dónde está, qué habilidades y valores la diferencian, y qué oportunidades existen a su alrededor.

—No basta con saber hacia dónde quieres ir —añadió—. Tienes que conocer desde dónde partes. Y cuál es tu propia ruta.

En este planeta, el Principito imaginó al Seguidor de Huellas, alguien que, en lugar de trazar su propio mapa, copia los de otros exploradores. Ve un camino que funcionó para alguien más y lo sigue sin preguntarse si el terreno es el mismo o si lleva al destino que él realmente busca.

El Seguidor de Huellas lanza proyectos que no tienen relación con sus habilidades, adopta modas pasajeras sin haber investigado al respecto y sin entender si conectan con su propósito, y habla con un tono que no es suyo porque cree que eso lo hará llegar más rápido. A veces hasta consigue avanzar unos pasos, pero siempre hacia un lugar que no reconoce.

En el branding personal, esto se traduce en abrir un canal porque otro lo hizo y le fue bien, publicar contenido en redes en las que su público no está, o intentar ocupar un espacio que ya tiene dueño, en vez de buscar el que podría ser propio. Como no conoce su punto de partida, cada paso que da es un salto a ciegas.

Pero el Principito también recordaba que había quienes dibujaban sus propios mapas con paciencia y precisión.

El trabajo de Malala Yousafzai es un ejemplo luminoso de cómo se traza un mapa personal a partir de investigación rigurosa. Aunque su historia empezó con una experiencia vital —defender su derecho a ir a la escuela en Pakistán—, su liderazgo global no se cimentó solo en su testimonio, sino en datos sólidos que respaldaban su causa. Antes de fundar Malala Fund en 2013, recopiló cifras de la UNESCO, UNICEF y ONG locales sobre escolarización femenina en más de ochenta países, identificando los lugares donde las niñas enfrentaban mayores barreras. Analizó variables como tasas de alfabetización, legislación educativa y violencia de género, y estudió proyectos previos para entender qué funcionaba y qué no. Esa información le permitió focalizar sus recursos en zonas como Nigeria, Afganistán o Pakistán, diseñar campañas con mensajes adaptados a cada contexto y presentarse ante líderes mundiales con evidencias que reforzaban su discurso. Su marca personal como activista no es solo la de una joven valiente, sino la de una estratega que construye su mensaje sobre mapas precisos de la realidad que quiere cambiar.

Otro caso muy distinto, pero igual de meticuloso en su exploración, es el de Rosalía. Antes de irrumpir en el panorama global con *El Mal Querer*, dedicó más de un año a estudiar el cancionero flamenco y su cultura como parte de un proyecto final de carrera. Investigó compases, palos y recursos estilísticos del flamenco tradicional, entrevistó a artistas del género y analizó grabaciones históricas para comprender no solo la técnica, sino la esencia cultural que lo sostenía. Paralelamente, examinó las tendencias musicales y estéticas que conectaban con audiencias jóvenes, identificando cómo fusionar el flamenco con sonidos contemporáneos como el R&B o el trap sin perder legitimidad.

Con todos esos aprendizajes lanzó *El Mal Querer*, un proyecto que no solo ganó un Grammy Latino, sino que consolidó su marca artística como la de una creadora que respeta la tradición y la reinterpreta desde un conocimiento profundo. Y esa misma disciplina investigadora es la que más tarde volvería a asomarse en *LUX*, un álbum en el que Rosalía explora nuevos paisajes estéticos y culturales con la misma intención de comprender antes de reinventar. Rosalía no improvisó su lugar en la música: lo cartografió antes de ocuparlo.

Estos dos casos tienen algo en común: ambas mujeres construyeron una identidad sólida y reconocible gracias a una investigación deliberada. Malala estudió el territorio humano y legal que quería transformar; Rosalía exploró a fondo un patrimonio cultural antes de reimaginarlo. Ninguna se lanzó a «viajar» sin un mapa, y ambas supieron que la precisión en la investigación es lo que da fuerza a una propuesta personal, ya sea en la política internacional o en la industria musical.

El Principito lo anotó en su cuaderno:

«*Un mapa prestado no siempre lleva a tu destino.*»

El Principito imaginó su propio planeta como un gran atlas abierto. Supo que, si quería seguir viajando y conociendo, debía aprender a ser también su propio geógrafo: tomar notas, marcar coordenadas y, sobre todo, conocer el terreno antes de dar el primer paso.

Instrucciones para no perderse en los mapas

El Principito había visto tantas veces al Geógrafo rodeado de atlas y mapas que un día se atrevió a pedirle:

—¿Podríamos tener una cita para que me enseñes a leerlos?

El Geógrafo levantó la vista de su escritorio, calibrando la pregunta como quien mide una distancia en millas marinas.

—Claro, pero no te limitarás a leer —respondió—. Hoy vas a dibujar uno conmigo.

En la mesa había papeles en blanco, lápices afilados, una brújula de latón y un tintero que parecía recién abierto. El Geógrafo empujó una hoja hacia el Principito y desplegó un mapa a medio hacer.

—Este no es para guardarlo en un cajón —dijo—. Es para que salgas con él.

Mientras trazaban líneas y borraban otras, el Geógrafo fue revelando sus reglas. No las recitaba como un manual; cada una iba acompañada de un gesto sobre el mapa.

1. Marcó con un lápiz una ruta en línea recta y preguntó.
—Si no sabes para qué sirve, ¿para qué dibujarla?
Le explicó que no se investiga «por si acaso», sino para responder preguntas concretas. Antes de desplegar un mapa, hay que decidir qué harás con la información, es decir, qué caminos seguirás si el terreno es llano, qué harás si encuentras montañas.

2. Giró lentamente la brújula sobre la mesa y luego dibujó una línea discontinua que serpenteaba.
—La brújula te orienta, pero solo avanzas cuando caminas.
Era su manera de decir que los datos son la brújula; la experiencia, el camino. Investigar es inútil si no se sigue de pruebas, lanzamientos o pequeños experimentos que validen la ruta.

3. En el margen del mapa escribió una fecha grande.
—Si no sales antes de este día, el río puede cambiar de cauce y la montaña de lugar.
Significaba que hay que poner fecha de salida; en marketing, las decisiones que se aplazan demasiado pierden oportunidad.

4. Tomó un pincel fino, corrigió un trazo y lo ensanchó.
—Mira, en el terreno este río es más ancho de lo que decía el papel.
Así le mostró que no se puede confiar solo en relatos ajenos. En la investigación de mercados hay que verificar en persona, visitar, preguntar y vivir la experiencia como usuario.

5. Con una goma de borrar eliminó una montaña del dibujo y la recolocó un poco más al norte.

—Nada es definitivo. Los ríos cambian, los mercados también.

Era su forma de enseñar que un mapa debe actualizarse con la información que recoges en el camino.

El Principito, viendo cómo cada trazo tenía sentido, pensó que aquellas reglas eran como una carta de navegación: claras, concisas y llenas de sentido común.

—El mapa te dice dónde empezar —le recordó el Geógrafo mientras guardaba la brújula—, pero son tus pasos los que deciden dónde llegarás.

Y cuando el niño dobló su propio mapa y lo guardó en el bolsillo, supo que no era para conservarlo limpio, sino para ensuciarlo de tierra, viento y caminos recorridos. Porque, en la vida y en las marcas, un mapa sin viaje es solo un dibujo, y un dibujo no lleva a ninguna parte.

Marcas que nunca dejan de cartografiar

El Geógrafo le contó al Principito que algunas marcas se parecen a los exploradores más sabios: no esperan a que el terreno cambie para actualizar sus mapas, sino que viven con ellos siempre abiertos, dibujando y corrigiendo mientras avanzan. «Un mapa no es una reliquia, es una herramienta viva, y las mejores marcas no lo guardan en un cajón, sino que lo consultan cada día para decidir el siguiente paso», dijo.

Se inclinó sobre el atlas y señaló el recorrido de Sara Blakely, fundadora de Spanx, la marca estadounidense que revolucionó el mercado de la ropa interior femenina con prendas moldeadoras cómodas, discretas y duraderas. Blakely lanzó Spanx en el año 2000 con un mapa inicial trazado con precisión quirúrgica: entrevistó a decenas de mujeres, observó su experiencia en probadores, analizó la oferta en grandes almacenes y probó materiales con fabricantes hasta encontrar el ajuste perfecto. Detectó un problema claro y recurrente: ninguna marca ofrecía una solución que combinara comodidad, invisibilidad bajo la ropa y durabilidad. El éxito fue inmediato: en 2001, tras aparecer como «producto favorito» de Oprah Winfrey, las ventas crecieron un 40 % en pocas semanas. Pero Blakely no confundió ese éxito con un mapa definitivo. Desde entonces, Spanx ha mantenido un sistema de investigación constante que incluye focus groups trimestrales, encuestas a clientas en distintos mercados y análisis de tendencias textiles globales. Gracias a ese trabajo, descubrieron que muchas mujeres querían trasladar la comodidad de Spanx a ropa deportiva y de uso diario. Invirtieron en investigación textil avanzada, testearon prototipos con paneles de usuarias y adaptaron el packaging para mercados internacionales, haciéndolo más discreto en países donde las prendas moldeadoras se consideran íntimas. En 2021, cuando Blakely vendió una participación mayoritaria a Blackstone, la empresa estaba valorada en mil doscientos millones de dólares. Ese valor no provenía solo de la invención inicial, sino de dos décadas de cartografía continua, ajustando cada ruta según los cambios del territorio de la moda y las expectativas de sus consumidoras.

Pasó entonces a mostrar otro mapa, esta vez dibujado desde Galicia, con líneas que partían de España hacia cientos de ciudades en todo el mundo. Zara, la marca insignia de Inditex, especializada en moda rápida y presente en más de noventa países, ha convertido la investigación de mercado en un sistema vivo de cartografía comercial. Cada tienda funciona como un observatorio que envía información diaria a la sede central en Arteixo, como qué prendas se venden más, cuáles se quedan en los percheros sin que ni siquiera nadie se las lleve al probador, qué tallas faltan, qué colores se solicitan y hasta qué comentarios se hacen en los probadores. Ese flujo de datos combina ventas diarias enviadas automáticamente al departamento de análisis; feedback cualitativo recogido por los gerentes y dependientes; observación directa de compradores por parte de trend hunters que viajan constantemente a mercados clave, y monitorización digital de redes sociales y plataformas de moda para detectar tendencias incipientes.

Este sistema les permite reaccionar con una rapidez que pocos competidores pueden igualar, especialmente cuando una tendencia nace en un momento de alta visibilidad mediática. Si en una alfombra roja de los Oscar una actriz luce un vestido con un corte o un estampado que acapara titulares, o si la reina Letizia o la reina Máxima de Holanda aparecen en un acto con un conjunto que genera conversación en prensa y redes, o si en una pasarela internacional se presenta un diseño que empieza a viralizarse en redes de moda, el radar de Zara ya está activado. En cuestión de horas, los trend hunters envían imágenes y descripciones a los equipos de diseño en Arteixo, que trabajan sobre el patrón para adaptarlo al estilo, precio y tejidos de la marca. El objetivo no es copiar una prenda, sino interpretar la tendencia y ponerla al alcance del público masivo antes de que pierda relevancia. Gracias a su cadena de suministro flexible, la producción puede iniciarse esa misma semana y llegar a tiendas y web en un plazo medio de tres semanas. Así, un vestido inspirado en un *look* de alfombra roja o un traje similar al que desfiló en París puede estar colgado en un escaparate de Madrid, Ciudad de México o Buenos Aires cuando la conversación sobre esa prenda aún sigue viva. Este sistema permite a Zara lanzar más de veinte colecciones nuevas al año, adaptándose casi al instante a la demanda real y evitando grandes excedentes. Su mapa no es una proyección a futuro, sino un documento vivo que se reescribe con cada venta, cada comentario y cada tendencia emergente. Todo ello está a años luz del modelo tradicional del sector, en el que las grandes casas de moda apenas presentaban dos colecciones al año —primavera/verano y otoño/invierno—, confiando en prever con meses de antelación lo que los consumidores desearían.

El Geógrafo cerró el atlas con cuidado. «Estas marcas no esperan a que el terreno cambie para actualizar sus rutas. Cartografían cada día, con los ojos en el horizonte y los pies sobre el terreno. Por eso, cuando otros descubren un nuevo continente, ellas ya lo han explorado.» El Principito comprendió que quizá el secreto no era tener el mapa más bonito, sino el más vivo. Y que, en cualquier viaje, las rutas más seguras son las que se dibujan mientras caminas.

Reflexión del Principito: «De la cartografía inmóvil a la exploración constante»

Mientras el Geógrafo cerraba el último atlas, el Principito sintió que había estado viajando sin moverse de la mesa. No eran mares ni montañas lo que había visto, sino rutas invisibles que las empresas y las personas trazan cuando quieren llegar más lejos. Entendió que los mapas del Geógrafo no eran dibujos para admirar, sino instrumentos para decidir.

Pensó en Sara Blakely, que no se lanzó a coser sin antes escuchar, observar y preguntar; y en Zara, que no espera a que la moda llegue a sus puertas, sino que la detecta y la interpreta mientras otros aún la están comentando. Pensó que esas marcas no eran rápidas por correr más, sino por mirar mejor.

El Geógrafo le había enseñado que investigar antes de andar es tan importante como seguir investigando mientras caminas. Porque quien avanza sin conocer el terreno puede terminar al borde de un precipicio, y quien se queda con el mapa guardado en el bolsillo, acaba olvidando que el mundo cambia: lo que hoy es un sendero claro, mañana puede quedar cubierto por la arena. El Geógrafo le enseñó también que, en los negocios, como en los viajes, es peligroso avanzar con un mapa que solo existe en la imaginación.

Cuando se levantó para marcharse, el Principito se dio cuenta de que también él llevaba un mapa en el bolsillo. No estaba dibujado con tinta, sino con preguntas. Preguntas que lo empujarían a explorar, escuchar y corregir su rumbo cada vez que el horizonte le mostrara algo nuevo. Y sonrió, porque entendió que el verdadero geógrafo no es quien dibuja más bonito, sino quien sabe que el mapa se traza mientras se camina.

Y para no perder la costumbre, antes de seguir su camino, abrió el cuaderno y anotó con letra de trazo amable:

«*Investigar no es perder tiempo, es ganar camino antes de dar un paso.*»

11

La Rosa:
El Marketing con Cuidado

El Principito regresó a su planeta en un atardecer tejido con hilos de oro y cobre. El cielo ardía en tonos melocotón y violeta, y el aire estaba impregnado de un perfume dulce, tan ligero que parecía no venir de ninguna parte y, sin embargo, llenarlo todo. A cada paso, la arena crujía bajo sus botas, mientras una brisa tibia le acariciaba el rostro como un saludo de bienvenida.

En el centro de su pequeño mundo, su rosa le esperaba. No se movía, pero su presencia llenaba el planeta entero. Los pétalos, abiertos en un equilibrio perfecto, parecían tener su propio pulso. El terciopelo de cada uno atrapaba la última luz del día, que se descomponía en un degradado de rojos encendidos. El Principito se inclinó y notó cómo el aroma cambiaba con la distancia: un susurro suave cuando la miraba de lejos; intenso y embriagador cuando estaba junto a ella.

La Rosa lo observaba con una mezcla de orgullo y fragilidad, como ocurre con las cosas vivas que saben que dependen de otro para existir. No era la flor más grande, ni la más fuerte, ni la más perfecta..., pero era su rosa. Y él sabía que cuidarla no era un acto mecánico, que no bastaba con regarla o protegerla del viento. Había que aprender a leer en sus silencios cuándo necesitaba agua, cuándo agradecía la sombra o cuándo pedía que le retirara una hoja marchita para dejar paso a un brote nuevo.

También sabía que la Rosa tenía espinas. No para herir por capricho, sino para recordarle que incluso aquello que amamos puede pinchar si no se maneja con respeto. Cuidar, entendió, es también otra forma de decir «te quiero».

El sol se escondía lentamente tras los volcanes, tiñendo de oro el último borde de los pétalos. El Principito se agachó, retiró con suavidad una hoja marchita y acercó la regadera a la base de la Rosa. Ella, como si entendiera, inclinó apenas la cabeza. Y él supo, sin ninguna prisa, que se quedaría un tiempo para cuidarla.

El marketing con cuidado: cultivar antes que cosechar

El Principito se quedó un rato frente a la Rosa, sin hacer nada más que mirarla. No era un mirar vacío, sino de esos que escuchan sin palabras. La Rosa, erguida, giraba apenas la cabeza para recibir la última luz del día. Sus pétalos parecían tensarse al paso de la brisa y sus espinas, aunque pequeñas, brillaban como si recordaran que estaban ahí por algo.

—Hoy no tienes sed, ¿verdad? —preguntó el Principito, inclinándose un poco.

—No —respondió la Rosa—. Pero mañana quizá sí.

Sabía que antes de acercarse con la regadera debía entender si la tierra estaba seca o si, por el contrario, había guardado la humedad de la última lluvia. Una gota de más podía ahogar una raíz, y un descuido podía dejarla sedienta.

—¿Y cómo sabes cuándo necesito agua? —preguntó la Rosa.

—Mirando y esperando un poco antes de actuar —dijo él.

Ese gesto de esperar antes de actuar le recordó que, en los negocios, como en las muestras de afecto, cuidar no significa hacer mucho, sino hacer lo justo y hacerlo a tiempo. En marketing, el cuidado empieza antes de la primera venta, pues es el momento en que observas, investigas y comprendes qué necesita tu cliente, igual que él intentaba comprender a su rosa antes de tocarla.

No se trata de llegar, plantar y exigir flores al día siguiente. Una relación, ya sea con una persona o con un cliente, necesita su propio ritmo, y el cuidado es precisamente eso: ajustar tus acciones a ese ritmo en lugar de imponer el tuyo. Las empresas que lo entienden invierten en escuchar antes de proponer, en construir confianza antes de pedir lealtad. Saben que cultivar antes de cosechar no es un retraso, sino una inversión.

Un cliente, como una rosa, no se mantiene con un gesto grandioso al principio, sino con atenciones pequeñas y constantes: escuchar, responder a tiempo, ofrecer justo lo necesario antes de que lo pida, etc. Cuidar no es invadir, es crear un espacio donde la otra parte pueda crecer. El Principito pensó en cómo sería si las flores pudieran huir de quien las cuida mal. En el mundo de las marcas, los clientes sí lo hacen, ya que se van cuando sienten que el interés fue solo una estrategia de conquista y no una intención de permanencia. Por eso, un marketing con cuidado no se mide solo por cuántos llegan, sino por cuántos deciden quedarse.

La brisa trajo un aroma más intenso. La Rosa inclinó levemente la cabeza, y él entendió que era su forma de decirle que se sentía bien. Se agachó y retiró con cuidado una hoja marchita sin dañar los pétalos.

En ese momento, se grabó la idea para siempre:

«En el jardín y en el negocio, no se trata de cuánto tiempo permaneces, sino de cómo lo habitas.»

Cuando cuidar se parece a controlar

El Principito sabía que, para cuidar de su rosa, la campana de cristal era una herramienta valiosa. En los días en que el viento arremolinaba la arena o las nubes anunciaban una tormenta, cubrir a la Rosa era un acto de protección. Incluso, a veces, ella misma parecía agradecerlo. La campana preservaba el aroma, evitaba que los pétalos se quebraran y mantenía alejadas a las orugas más perseverantes. Pero el Principito también sabía que, si la mantenía siempre cerrada, el aire se volvería pesado y el sol no alcanzaría sus pétalos. La Rosa seguiría viva, pero viviría sin libertad, y tarde o temprano, esa protección se sentiría como un peso.

En marketing ocurre algo parecido. Algunas marcas construyen campanas de cristal para proteger lo que consideran el corazón de su propuesta: su experiencia de uso, su comunidad, sus ingresos. Al principio, puede ser un gesto que los clientes aprecien, pero si esa protección se convierte en una condición permanente, se transforma en control. Lo que empezó como cuidado acaba percibiéndose como vigilancia o imposición.

Netflix fue un ejemplo reciente y muy visible de este dilema. Durante más de una década, la compañía no solo toleró, sino que implícitamente fomentó, que los usuarios compartieran sus credenciales con familiares y amigos. La frase «Love is sharing a password» ("El amor es compartir una contraseña") llegó a aparecer en las redes oficiales de la plataforma en 2017. Este hábito se integró tanto en la cultura de uso que, para millones de personas, compartir Netflix era una extensión natural de la relación con la marca. Sin embargo, en febrero de 2023, la empresa implementó un sistema para detectar si los dispositivos que accedían a la cuenta no estaban en el «hogar principal» registrado. A los usuarios fuera de esa ubicación se les pedía pagar una tarifa adicional —en España, 5,99 euros al mes por «miembro extra»— o crear su propia suscripción. La medida se presentó como una forma de «garantizar la sostenibilidad del servicio» y «proteger la inversión en contenidos originales», argumentando que más de cien millones de hogares en todo el mundo usaban el servicio sin pagar directamente. En mercados como España, la reacción inicial fue de rechazo: cancelaciones masivas, críticas en redes y pérdida de imagen de marca entre quienes llevaban años recomendando la plataforma. Paradójicamente, y contra todo pronóstico, los datos globales mostraron un repunte de suscriptores en países como EE. UU., pero a costa de romper un vínculo de confianza. Fue como si Netflix hubiera bajado la campana para proteger a la Rosa del viento, pero también le hubiera quitado la brisa que la hacía crecer.

Algo similar ocurrió con Tesla, aunque en otro terreno. La compañía de Elon Musk se ha construido una reputación global como pionera en movilidad eléctrica y tecnología de vanguardia. Parte de su promesa es la seguridad y la fiabilidad de sus vehículos. Para «proteger» esa promesa, Tesla ha mantenido un control estricto sobre las reparaciones: restringe el acceso a repuestos y manuales de servicio a talleres independientes, obligando a los propietarios a recurrir a los centros oficiales. No es que lo recomiende como hacen otras marcas, es que directamente es la única opción posible. El argumento es claro: solo así se asegura de que las reparaciones mantengan los estándares de calidad y seguridad de la marca. Pero en la práctica, este sistema ha generado problemas significativos, como tiempos de espera de semanas —o incluso meses en mercados con poca infraestructura de servicio—, costes elevados para los usuarios y la percepción de que el cliente está atado a la marca sin alternativa, incluso si la marca está saturada y no puede satisfacer sus necesidades. En Estados Unidos, Tesla ha sido uno de los casos emblemáticos en el movimiento «Right to Repair», con demandas y presión legislativa para obligar a las marcas a liberar información técnica. Aquí, la campana de cristal impide que manos inexpertas dañen los pétalos, pero también niega a la Rosa el cuidado oportuno cuando más lo necesita.

WhatsApp vivió su propio momento de campana de cristal en 2021. En enero, la aplicación anunció una actualización de sus términos de servicio que obligaba a los usuarios a aceptar que sus datos se compartieran con

Facebook (ahora Meta) para integrarlos en un ecosistema más amplio. La empresa presentó la medida como una forma de «mejorar la coordinación» entre servicios y «reforzar la seguridad y personalización» de la experiencia. Pero el mensaje llegó sin contexto suficiente y con una advertencia tajante: quien no aceptara las condiciones antes de mayo perdería funciones y su acceso a la aplicación se limitaría progresivamente hasta quedar inhabilitado. El efecto fue inmediato: millones de descargas de alternativas como Signal y Telegram en cuestión de días, con picos históricos en mercados como India y Brasil, los países con más usuarios del mundo. Ante tal debacle, la compañía retrasó la fecha de aplicación y trató de aclarar que los cambios no afectaban a la privacidad de las conversaciones personales, pero la narrativa ya estaba escrita: el protector de la comunicación privada se había convertido en vigilante.

El Principito pensó entonces que quizá el secreto de la campana de cristal no está en su forma ni en su material, sino en el tiempo que permanece sobre la flor. Proteger en el momento preciso puede salvarla; mantenerla encerrada para siempre, aunque sea con la mejor intención, acaba robándole la luz y el aire. En los negocios, como en su planeta, cuidar no es controlar, y la diferencia entre ambos se mide en la libertad que dejamos para respirar.

Las bitácoras de cultivo de la Rosa

El Principito, curioso como siempre, había empezado a anotar lo que aprendía de su rosa. No eran dibujos, sino pequeñas frases escritas cuando algo funcionaba: «Regar por la mañana para que el sol seque el agua», «Quitar las hojas marchitas antes de que roben fuerza», «Dejarle sentir el viento para que crezca más fuerte». Su cuaderno no era un manual rígido, sino un registro vivo, una guía en construcción que le recordaba que cada día podía aprender algo nuevo sobre cómo cuidar mejor.

Una tarde, mientras quería entretenerla, el Principito comenzó a contarle historias de su viaje: le habló del Rey que confundía mandar con comunicar, del Vanidoso atrapado en su espejo, del Zorro que le enseñó a esperar con paciencia... Sin proponérselo, en aquellas anécdotas aparecían también lecciones sobre la vida, el marketing y las ventas. La Rosa lo escuchaba con gesto entre divertido y escéptico, disfrutando de aquel juego inesperado.

—¿Y si tuvieras que vender algo aquí? —preguntó entonces, con un tono entre curioso y burlón—. Algo que no fuera yo, claro.

El Principito la miró y, después de pensarlo un momento, respondió:

—Podría ser un sistema de riego por rocío. Uno que despierte a las flores con una neblina suave al amanecer, como si la mañana les diera los buenos días.

Mientras hablaba, se agachó a revisar la humedad de la tierra con la yema de los dedos, como si ya estuviera pensando en el primer cliente. Sabía, por lo que había leído de Philip Kotler, que el valor de un cliente no se mide por una sola transacción, sino por todo lo que puede suceder mientras esa relación se mantenga viva. Recordó que esto, en marketing, se llama «Customer Lifetime Value» y sirve para decidir no solo qué vender, sino cómo cuidar después. En su caso, no bastaría con entregar un producto y marcharse: si vendía un sistema de riego por rocío, tendría que asegurarse también de acompañar al jardinero después. Resolver dudas, ajustar el sistema según el clima, garantizar que cada flor siguiera recibiendo lo que necesitaba día tras día, etc. Porque lo importante no era la venta inicial, sino todo lo que podía florecer mientras esa confianza durara.

Mientras lo pensaba, pasó la mano por los pétalos de su rosa, como comprobando que la idea era buena, y se acordó de Parasuraman, Zeithaml y Berry. Ellos explicaban que la confianza y la lealtad se construyen cuando la percepción de calidad es alta y se repite de forma consistente, no con gestos aislados. Su modelo SERVQUAL habla de cinco dimensiones:

1. Tangibilidad: un sistema con boquillas brillantes y fáciles de limpiar
2. Fiabilidad: que se activara siempre a la hora programada
3. Capacidad de respuesta: que pudiera ajustarse en días más calurosos
4. Seguridad: que no inundara las raíces
5. Empatía: diseñado con la sensibilidad de quien entiende que cada planta es distinta

El Principito entendió entonces que, si su sistema de riego por rocío funcionaba de verdad, no bastaría con instalarlo: tendría que volver de vez en cuando, preguntar si la neblina era suficiente y estar presente incluso cuando no hubiera problemas.

Al pasar junto a la regadera, recordó a Jan Carlzon y sus «momentos de la verdad»: esos instantes breves en los que el cliente decide si confía o no tras una interacción crítica con el producto. En su caso, sería el momento en que el jardinero encendiera el sistema por primera vez y viera cómo el rocío se depositaba sobre los pétalos sin molestarlos. Ese instante debía ser impecable, sin fugas, sin ruido excesivo, sin sobresaltos.

Se inclinó para anotar algo más en su cuaderno y, mientras lo hacía, le vino a la mente la disciplina de la experiencia del consumidor. James Gilmore y Joseph Pine hablaban de la economía de la experiencia: el valor ya no está solo en el producto, sino en la vivencia que lo rodea. Tal vez su sistema podría incluir una pequeña campanilla que sonara suavemente al activarse, o una luz tenue que acompañara la neblina al amanecer, convirtiendo el riego en un ritual agradable para quien cuidara la flor, para que la experiencia fuera tan memorable como eficaz.

La Rosa, que había escuchado todo en silencio, se inclinó ligeramente hacia él.

—Entonces —dijo—, no venderías un aparato, venderías mañanas felices.

El Principito sonrió, se inclinó sobre su cuaderno y apuntó en la última página:

«*Un producto puede llegar en un instante, pero su verdadero valor florece con el tiempo.*»

Coronas de pétalos: cuando la marca soy yo y cuido mi propia flor

El Principito sabía que su rosa no se cuidaba sola. Había que estar ahí: regarla cuando lo pedía, protegerla cuando el viento era demasiado fuerte y dejarla sentir el sol cuando el día estaba en calma. Pero en este planeta imaginó a alguien distinto: el Agricultor de Temporada, que solo aparecía cuando el jardín estaba en flor y la visita de otros era segura.

El Agricultor de Temporada organizaba grandes celebraciones cuando las flores estaban abiertas y publicaba mensajes tiernos sobre su amor por el jardín. Pero cuando llegaban las heladas o las plagas, su sombra desaparecía. Respondía solo a las interacciones que daban buena imagen, dejaba sin contestar las preguntas difíciles y nunca preparaba la tierra para la próxima estación. Sus cuidados eran intermitentes: un estallido de atención seguido de largos silencios.

En el mundo del branding personal, hay quien activa su comunidad solo en campañas, lanzamientos o momentos de visibilidad, pero no construye un vínculo constante. Mantiene la apariencia de cercanía, pero no la estructura que sostiene la relación cuando las cosas no son fáciles. Y, como en cualquier jardín, la falta de cuidados continuos hace que las raíces se debiliten, aunque desde lejos aún se vean flores.

Pero el Principito también sabía que había quienes cuidaban de un jardín entero con constancia y compromiso.

Lady Gaga había entendido, desde el inicio de su carrera, que no quería una relación superficial con su público. Llamó «Little Monsters» ("Pequeños monstruos") a su comunidad de fans, un nombre que ella acuñó, inspirado en cómo se sentía junto a ellos; eran diferentes, creativos, muchas veces marginados, pero poderosos cuando estaban juntos. Esta identidad no se quedó en una etiqueta, sino que Gaga la convirtió en un pacto de cuidado mutuo que cumple y mantiene, interactuando directamente con ellos en eventos, dándoles sorpresas y fomentando el vínculo seguro entre ellos. Además, en 2012 creó la fundación Born This Way junto a su madre, Cynthia Germanotta, con la misión de «crear un mundo más amable y valiente». Desde entonces, ha financiado programas de salud mental juvenil y ha organizado giras de talleres de bienestar emocional en institutos, entre otras cosas. En sus giras internacionales, incluso ha habilitado «áreas seguras» con apoyo psicológico para fans que se sienten sobrepasados por la multitud. Ha enviado cartas escritas a mano, ha pagado tratamientos médicos a fans con dificultades y ha regalado entradas y viajes para que seguidores fieles pudieran verla en directo. No se trata solo de un contacto emocional: es un cuidado sistemático, pensado para que cada «pequeño monstruo» sienta que tiene un lugar en el mundo, sin importar lo frágil que se crea.

Tarana Burke comenzó su trabajo mucho antes de que el mundo escuchara su nombre. En 2006, creó el movimiento #MeToo como una iniciativa comunitaria para conectar y empoderar a mujeres y niñas —especialmente de comunidades afroamericanas y de bajos recursos—, que habían sufrido abuso sexual. Burke trabajaba entonces en Just Be Inc., la organización que había fundado en 2003, y entendió que la clave estaba en ofrecer espacios donde las supervivientes de violencia sexual pudieran hablar sin miedo y recibir apoyo. Durante más de una década, organizó talleres, formó a voluntarios en escucha activa y prevención, y creó redes locales de asesoramiento legal y psicológico. Cuando en 2017 la etiqueta #MeToo se viralizó tras las denuncias contra el productor de cine Harvey Weinstein, Burke aprovechó la visibilidad para ampliar recursos y proteger la intención original del movimiento: no solo la denuncia pública, sino también la sanación y la prevención. Ha creado la biblioteca gratuita Me Too Healing Resource Library, un espacio digital con materiales de autocuidado, y ha implementado programas de mentoría para jóvenes activistas. Su cuidado no consiste solo en acompañar a una víctima, sino en construir estructuras para que millones de mujeres no se sientan solas. En la bitácora del cuidado, Tarana no solo anotaba cómo proteger una flor herida: enseñaba a todas las flores de un jardín a sostenerse mutuamente y a crecer con fuerza.

En la misma línea, Cristina Fallarás, periodista española, dio en 2018 un paso que cambió la conversación pública en el mundo hispanohablante. Creó el hashtag «#Cuéntalo» como respuesta a la sentencia del caso de La Manada, invitando a mujeres a narrar en primera persona experiencias de acoso, abuso o violencia sexual. En menos de una semana, se publicaron más de tres millones de testimonios, un archivo vivo y doloroso que puso cifras y relatos concretos a una realidad que muchos preferían ignorar. Pero Fallarás no dejó que aquello fuera solo una oleada viral: moderó la conversación para evitar ataques y revictimización, intervino públicamente en medios para defender a las participantes e hizo llegar las historias a periodistas, juristas y políticos para que se tradujeran en cambios reales. Ha organizado mesas de debate y encuentros presenciales, cuidando que el espacio que había abierto siguiera siendo seguro. En su caso, el cuidado fue también resistencia: proteger el derecho a hablar cuando otros querían silenciar.

El Principito pensó que cuidar de una rosa puede ser difícil, pero cuidar de un jardín entero exige aún más paciencia y constancia. Y que, además, cuidar no es aparecer cuando el jardín ya está en flor, sino estar presente en todas las estaciones. Y lo anotó en su cuaderno:

«La confianza crece como una planta: muere si solo la riegas cuando hay flores.»

Instrucciones para cuidar sin pincharse

El Principito sabía que su rosa era hermosa, pero también sabía que tenía espinas. No eran un capricho: estaban ahí para protegerla. Un roce apresurado podía rasgar la piel, y un gesto descuidado podía dejar una marca. A veces, incluso, la Rosa —consciente de su belleza— se mostraba un poco soberbia y levantaba muros invisibles, como si quisiera recordarle que no sería fácil acercarse. Él, con paciencia, había aprendido a bajarlos despacio, sin derribarlos a la fuerza.

Aunque se veían todos los días, aquella tarde quiso preparar algo distinto para que ella sintiera que era importante. Barrió con cuidado el suelo a su alrededor, extendió una manta ligera y colocó un cuenco pequeño con agua de lluvia que había recogido en la última tormenta. Encendió también unas velas bajas hechas con cera de abeja, que desprendían una luz cálida y un aroma dulce. Cerca, colgó unas ramitas secas que, al moverse con la brisa, emitían un sonido suave, como un susurro que acompaña sin interrumpir.

Cuando todo estuvo listo, se acercó sin prisa.

—Siempre intento cuidarte lo mejor que sé, pero no siempre acierto. Y me gustaría aprender cómo hacerlo de la manera que más te guste.

La Rosa, que al principio lo miraba con cierta altivez, dejó que sus pétalos se relajaran apenas un poco y comenzó a explicarle, como si dictara unas instrucciones que había guardado para una ocasión especial:

1. Escucha antes de tocar.

—Muchas veces te precipitas. A veces quiero sol, no agua; a veces quiero silencio, no palabras. Si me escuchas primero, sabrás cuándo y cómo acercarte.

En marketing relacional, precipitarse con acciones «cuidadoras» sin entender el contexto puede ser tan dañino como la indiferencia.

2. Respeta mi espacio.
—Me gusta que estés cerca, pero también necesito momentos sola. Si me cubres siempre, no dejas que el sol me toque.

En las marcas, esto significa dosificar la comunicación y permitir que el cliente marque parte del ritmo.

3. Protégeme, pero no me encierres.
—Una campana puede salvarme de una tormenta, pero si la dejas puesta siempre, me marchitaré.

En marketing, proteger sin asfixiar es ofrecer garantías y apoyo sin imponer restricciones que limiten la experiencia.

4. No temas a mis espinas.
—Si pincho, no es por crueldad, sino por defensa. No te alejes por miedo: aprende a acercarte con cuidado.

En los negocios, las críticas o tensiones son una parte natural de la relación y pueden transformarse en oportunidades para fortalecerla.

5. Por último, sé siempre tú.
—La fragancia que te gusta no es algo que me pusiste, nace de lo que soy.

En las marcas, la autenticidad se nota cuando las acciones de cuidado están alineadas con el propósito real y no con una estrategia vacía.

Cuando terminó, el Principito se sentó junto a ella. Las velas titilaban, el sonido suave de las ramitas llenaba el aire y la luz del atardecer pintaba su silueta. Anotó en su cuaderno:

«Cuidar sin pincharse es acercarse despacio, escuchar primero, actuar después y bajar con paciencia los muros que el otro levanta hasta que la confianza florezca.»

Y entendió que, en una marca, en un planeta o en la vida, cuidar de verdad no es evitar las espinas, sino aprender a convivir con ellas.

Marcas que florecieron gracias al cuidado constante

El Principito sabía que la belleza de su rosa no dependía de un solo gesto, sino de una constancia silenciosa: regar un poco cada mañana, quitar las hojas secas a tiempo, apartar la campana cuando salía el sol. Pensó que, en el mundo de las empresas, algunas marcas parecían entenderlo, cultivando sus relaciones con el mismo cuidado paciente.

Sephora, nacida en Francia en 1969 y actualmente parte del grupo LVMH, es mucho más que una cadena de perfumerías y cosmética: es un espacio de descubrimiento. Con más de dos mil setecientas tiendas en 35 países, su propuesta no se limita a vender productos, sino a acompañar al cliente en un viaje de exploración. Su programa de fidelización «Beauty Insider», lanzado en 2007, organiza a los clientes en tres niveles según su gasto anual, otorgando beneficios como muestras de productos, regalos personalizados de cumpleaños, acceso anticipado a lanzamientos y clases privadas de maquillaje. En 2022, integró sus sistemas físicos y digitales para que cada compra, prueba o consulta quede registrada en un perfil único, de manera que, si una clienta prueba un tono concreto de una base de maquillaje en una tienda de Madrid, puede recibir recomendaciones afines incluso si entra en una tienda de Nueva York. Además, ofrece talleres gratuitos y asesorías personalizadas que no requieren compra. Según sus propios datos, los miembros de Beauty Insider gastan tres veces más y permanecen más fieles a la marca. En el planeta del Principito, Sephora sería la jardinera que conoce cada pétalo de memoria y, sin hacer ruido, ajusta el riego y la luz para que la flor se mantenga perfecta.

La compañía hotelera Ritz-Carlton, por su parte, es sinónimo de hospitalidad de lujo a nivel mundial y opera más de ciento diez hoteles y cuarenta residencias en más de treinta países, desde rascacielos en ciudades como Tokio y Nueva York hasta resorts frente al mar en Bali o el Caribe. Su filosofía «We are Ladies and Gentlemen serving Ladies and Gentlemen» ("Somos damas y caballeros al servicio de damas y caballeros") impregna cada interacción. Una de sus políticas más distintivas es dar a cada empleado autoridad para gastar hasta dos mil dólares por huésped y por estancia para resolver un problema o crear una experiencia memorable sin aprobación previa. Esta libertad ha generado historias de cuidado: peluches perdidos que regresan con sus dueños; un cargador olvidado enviado en 24 horas al otro lado del mundo; una cena improvisada en la playa para celebrar un aniversario que el huésped solo mencionó de pasada. Ritz-Carlton no espera a que la rosa pida agua: la riega justo antes de que la sed se note.

Otro caso es el de Nordstrom, la cadena que es hoy uno de los *retailers* de moda y accesorios más reconocidos en Norteamérica, con más de trescientas cincuenta tiendas en Estados Unidos y Canadá. Su gama abarca ropa, calzado, complementos y cosmética, y su reputación no proviene solo de la calidad del producto, sino de su política de servicio al cliente. Durante décadas, Nordstrom ha mantenido una generosa política de devoluciones sin límite de tiempo, incluso sin *ticket*, siempre que el cliente actúe de buena fe. La cultura interna fomenta decir «sí» siempre que sea posible, lo que ha generado historias famosas: aceptar la devolución de unos neumáticos (aunque Nordstrom no los vende) porque el cliente se confundió de tienda; localizar y enviar sin coste una prenda agotada desde otra ciudad, o que un empleado pase horas ayudando a un cliente a encontrar el conjunto perfecto para un evento. Nordstrom es como ese jardinero que, si una flor necesita tierra de otro jardín, la trae sin pedir nada a cambio.

El Principito pensó que cuidar a un cliente y cuidar a una flor no son conceptos tan distintos. No se trata de gestos grandiosos aislados, sino de estar ahí cada día, con la paciencia de quien sabe que la verdadera belleza necesita tiempo, atención y constancia para florecer.

Reflexión del Principito: «De la campana de cristal al cuidado en libertad»

El Principito pensó que la campana de cristal tenía su momento. Que había días de viento fuerte y noches de tormenta en los que proteger a la Rosa era un acto de amor. Pero también entendió que, si la mantenía siempre encerrada, no dejaría entrar el sol ni el aire, y la Rosa terminaría viviendo sin respirar.

Así comprendió que cuidar no es vigilar ni controlar, sino ofrecer lo necesario para que el otro crezca a su propio ritmo; que una mano que aprieta demasiado deja marca, mientras que una mano que acompaña sin sujetar permite que la flor se sostenga por sí misma.

En su planeta, decidió guardar la campana de cristal para cuando fuera imprescindible. Pero también prometió estar siempre cerca, aunque no se notara: atento al viento que podía doblar los tallos, a las orugas que avanzaban sin hacer ruido, a la lluvia que podía pesar sobre los pétalos. Porque cuidar en libertad no es dejar a la flor sola, sino darle espacio para florecer sabiendo que, si hay alguna amenaza, siempre habrá alguien ahí para protegerla.

Con una sonrisa, tomó el lápiz y, entre pétalo y pétalo, dejó escrito en su cuaderno:

«*Cuidar no es encerrar, es dar espacio sabiendo que, si hace falta, siempre estaré cerca.*»

12

El Asteroide B-612: El Marketing con Alma

Esa mañana, el Principito despertó y supo que estaba en casa. Hay algo mágico en ese instante en el que, después de mucho viajar, sin ni siquiera abrir los ojos, la familiaridad te envuelve y lo reconoces todo. Su cuerpo lo supo antes que su cabeza: el suelo conocido bajo los pies, el aire que era suyo, el ruido del silencio que lo abrazaba sin pedir nada. Era una certeza serena, una forma de calma que no necesitaba explicación.

Eso era estar en casa. Un lugar que no exige disfraces ni títulos, que no reclama justificaciones ni condiciones, que simplemente te reconoce, y al hacerlo, te devuelve a ti mismo. Y comprendió que eso mismo era el alma: un hogar invisible al que uno siempre regresa, aunque se aleje, un centro secreto que sostiene, una certeza tranquila de pertenecer. El alma era todo eso, y también todo lo que no puede nombrarse.

Había conocido a reyes que gritaban, vanidosos que se miraban demasiado, bebedores que huían de sí mismos, hombres de negocios ahogados en cifras, faroleros repetitivos, zorros que enseñaban lazos, aviadores que buscaban autenticidad, jardineros vigilantes de baobabs, astrónomos perdidos en un solo rincón del cielo, geógrafos de mapas inmóviles y rosas que exigían cuidado, pero el viaje no terminaba en un nuevo descubrimiento. Terminaba con un regreso.

Y, como sucede en todo viaje verdadero, el Principito no volvió cargado de tesoros visibles, sino de certezas invisibles. Y, a decir verdad, también de un cuaderno de viaje bien garabateado y vivido, que demostraba que cada planeta que había visitado le había dejado una huella, a veces áspera, otras luminosa, pero siempre valiosa y merecedora de quedar escrita. Porque hasta en los excesos había semillas de aprendizaje, e incluso en los errores que había presenciado se escondían pistas para vivir —y para comunicar— con más verdad.

Así, de cada uno se llevó algo:

- del Rey, que mandar no es lo mismo que comunicar;
- del Vanidoso, que gustar no basta si no hay conexión;
- del Bebedor, que entretener para distraer no significa acompañar;
- del Hombre de Negocios, que sumar cifras no significa comprender;

- del Farolero, que repetir sin alma es apagarse poco a poco;
- del Zorro, que un lazo verdadero requiere paciencia y verdad;
- del Aviador, que mostrarse tal como uno es puede ser más valioso que cualquier disfraz;
- del Jardinero de Baobabs, que arrancar a tiempo lo pequeño evita males gigantes;
- del Astrónomo, que elegir una constelación propia da más sentido que perderse en todos los cielos;
- del Geógrafo, que un mapa solo sirve si alguien se atreve a explorarlo;
- y de la Rosa, que cuidar no es poseer, sino acompañar en libertad.

Cada planeta fue un espejo, y cada espejo un recordatorio de que lo esencial no habita en los números, ni en los títulos, ni en las tendencias, sino en la capacidad de mirar con el corazón y de hacer sentir en casa a quienes se cruzan en nuestro camino.

Marketing con alma: cuando la emoción se vuelve estrategia

El Principito comprendió que el alma no era un destino, sino una manera de estar. Que todo lo que había visto en su viaje —el poder del Rey, la arrogancia del Vanidoso, la evasión del Bebedor, las cifras del Hombre de Negocios, la repetición del Farolero, los lazos del Zorro, la autenticidad del Aviador, la prudencia del Jardinero, la precisión del Astrónomo, la curiosidad del Geógrafo y el cuidado de la Rosa— solo tenía sentido cuando se vivía con emoción. Sin ella, incluso las estrellas más brillantes parecían apagadas.

Entonces comprendió que aquello que en las personas llamamos «alma», en las marcas se llama «emoción». Que esa corriente invisible que hace latir, elegir y recordar no pertenece solo a los poetas o a los soñadores, sino también a quienes quieren comunicar de verdad.

Porque el alma —en el fondo— no es otra cosa que la emoción bien entendida: esa vibración íntima que te conecta con lo significativo. Ese pellizco silencioso que no se ve pero que se siente, que llega antes que la razón y que, sin pedir permiso, te recuerda que algo te importa. Lo que el Principito sintió al reconocer su hogar, eso que atravesó su pecho, es exactamente lo que una marca despierta cuando logra tocar lo invisible.

El marketing con alma, traducido a la práctica, es lo que los expertos llaman «marketing emocional»: una estrategia que pone la emoción en el centro del encuentro entre las marcas y las personas. No se trata de inspirar lágrimas ni de fabricar sonrisas, sino de comprender los sentimientos auténticos de las personas y responderles con verdad, empatía y coherencia.

El marketing emocional entiende que las personas no deciden por datos, sino por lo que sienten; que tomamos decisiones con la piel erizada más que con la cabeza fría. Daniel Kahneman, premio Nobel de Economía y padre de la psicología del comportamiento, explicó que en cada elección intervienen dos sistemas que conviven dentro de nosotros: el Sistema 1 es rápido, emocional e instintivo, y decide en milésimas de segundo, impulsado por recuerdos, asociaciones y sensaciones que apenas alcanzamos a reconocer; el Sistema 2, más lento y analítico, llega después, solo para poner palabras, lógica o excusas a lo que ya hemos decidido por instinto. Kahneman lo resume de forma casi poética: no pensamos para elegir, pensamos para no parecer irracionales.

Por eso, la mayoría de nuestras decisiones —incluso las que creemos racionales— nacen en ese primer impulso invisible: el pellizco. Ese momento previo al pensamiento en el que algo dentro de nosotros susurra: «Esto sí» o «Esto no», mucho antes de que podamos explicarlo.

El Principito pensó que quizá las marcas también tenían algo parecido a ese impulso. Una suerte de alma que no se mide en números ni en notoriedad, sino en cómo logran que alguien las sienta. Porque, al final, toda marca —como toda persona— se sostiene por las emociones que despierta. Cuando una marca emociona, deja de ser un logotipo y se convierte en presencia: en una sensación que acompaña, incluso cuando no está delante.

El alma de una marca se expresa en cómo hace sentir a quienes la encuentran: si transmite confianza, calma o inspiración; si deja huella o solo ruido. Esa emoción —invisible pero real— es su ventaja más poderosa. Porque un producto puede copiarse, una campaña puede imitarse, un precio puede superarse, pero un pellizco genuino no se puede replicar.

El marketing con alma no busca manipular sentimientos, sino comprenderlos. Es decir, no consiste en provocar emoción, sino en cultivarla hablando el idioma de las personas: el de sus deseos, sus miedos, sus nostalgias y sus pequeñas alegrías. Las marcas que lo practican no buscan clientes, buscan cómplices. Y no necesitan gritar porque el corazón —igual que el alma— siempre recuerda aquello que lo ha hecho sentir.

Y así, el Principito entendió que el alma, la emoción y el pellizco son tres nombres para una misma verdad: la conexión invisible que, en la vida o en el marketing, da sentido a todo lo demás.

El alma en acción: cómo funciona el marketing emocional

La conexión invisible que da sentido a todo lo demás solo cobra forma cuando se traduce en acción. Porque el alma, igual que las emociones, no se define, se demuestra. El marketing emocional es precisamente eso, la emoción hecha práctica; la estrategia que transforma la empatía en experiencia, el propósito en relación y el mensaje en vínculo.

El Principito pensó que tal vez el alma no se reconocía por lo que decía, sino por lo que hacía sentir. Y comprendió que con las marcas ocurre lo mismo: su verdad no se encuentra en lo que comunican, sino en lo que provocan. Una marca puede prometer muchas cosas, pero lo que realmente permanece es la emoción que deja después del contacto. Las marcas con alma no construyen discursos, sino recuerdos.

El marketing emocional convierte esa intuición en estructura. No busca vender emociones, sino despertar las que ya habitan en las personas. Funciona cuando logra cuatro cosas esenciales: conectar, emocionar, influir y permanecer.

1. Conectar: la empatía como punto de partida

Nada comienza sin conexión. Las marcas con alma saben que la emoción no se impone, se cultiva, y que el primer paso no es hablar, sino escuchar. Entienden que detrás de cada decisión hay una persona, y detrás de cada persona, una historia. Por eso, antes de diseñar campañas, observan, preguntan... y, sobre todo, empatizan. Conectar no es segmentar un mercado, va mucho más allá: pasa por reconocer a alguien. Es decirle, sin palabras: «Te entiendo», y las marcas que logran eso no buscan audiencia, buscan reflejo; y cuando ese reflejo aparece, la emoción se enciende.

Dove lo comprendió mejor que nadie. Durante años, el mercado de la belleza se había alimentado de estereotipos imposibles. Dove decidió dar un paso al frente y mostrar la belleza tal como es: real, imperfecta, diversa. No vendió cremas, vendió autoestima. No habló de piel, habló de aceptación. Y en ese gesto, miles de mujeres se reconocieron. Lo que empezó como una campaña se convirtió en un movimiento, porque la conexión emocional siempre nace del reconocimiento.

Conectar es, al final, el acto más humano de todos, ni más ni menos que verse en el otro.

2. Emocionar: crear experiencias que se recuerdan

Una vez establecida la conexión, la emoción necesita habitar en una experiencia. El marketing emocional sabe que las personas no recordamos mensajes, sino sensaciones. Las marcas con alma diseñan experiencias que despiertan los sentidos y activan recuerdos, porque saben que lo vivido deja una huella más profunda que lo contado.

IKEA es el ejemplo perfecto. Sus tiendas no son puntos de venta, sino escenarios de vida. No invitan a comprar, sino a imaginar. Cada habitación cuenta una historia posible: el olor del pan recién hecho en una cocina donde se comparte, la risa de los niños en un dormitorio lleno de color, el silencio cálido de una lámpara encendida. No estás recorriendo un catálogo, estás ensayando una vida. Esa capacidad de emocionar desde lo cotidiano convierte la compra en experiencia y el producto en recuerdo.

Lo sensorial se mezcla con lo simbólico: tocar, oler, probar, imaginar. Esa es la verdadera magia del marketing emocional. Cuando el sentimiento se integra en la experiencia, deja de ser una reacción para convertirse en memoria.

3. Influir: cuando el deseo decide antes que la razón

Las emociones no solo conectan, también orientan. Antes de que intervenga la razón, el cuerpo ya ha decidido. El deseo no se calcula: se despierta. Y las marcas que comprenden esto no empujan la decisión de compra, sino que la acompañan desde el sentido.

Rituals lo hace con maestría. Su propuesta no gira en torno a la cosmética, sino al bienestar. Desde el momento en que entras en una tienda, el ambiente te obliga a bajar el ritmo: la luz es tenue, el olor es envolvente, la música invita a respirar. Todo está diseñado para generar una sensación de pausa. No compras un gel, compras un instante de calma. La emoción va primero; la justificación racional llega después, con la etiqueta del precio o el diseño del envase.

Esa es la esencia del marketing emocional: activar primero el pellizco. Las personas elegimos por lo que sentimos y solo después buscamos razones que nos hagan sentir inteligentes. La emoción decide; la razón ratifica.

Influir emocionalmente no es manipular, sino comprender la naturaleza humana. Es proponer sentido, no imponer deseo.

4. Permanecer: la lealtad que nace de la emoción

El verdadero reto no es atraer, sino permanecer, un principio valiosísimo en el marketing, la vida y las relaciones. La emoción auténtica no genera solo interés, genera vínculo. Y los vínculos, cuando se cuidan, se transforman en lealtad.

Decathlon lo ha entendido desde siempre. Su promesa no está solo en los precios accesibles ni en la variedad de productos, sino en la confianza. Permite devolver un artículo sin preguntas ni papeleo porque confía en ti. Ese gesto sencillo transmite un mensaje profundo: «No dudo de ti». Y cuando una marca confía, el cliente también lo hace. Esa reciprocidad emocional es el principio de toda fidelidad.

Lo mismo ocurre con Ben & Jerry's, una marca que ha hecho del compromiso su sello. No comunica causas sociales porque estén de moda: las integra en su identidad. Cada sabor, cada campaña, cada acción responde a una postura ética. Cuando una marca actúa con coherencia, emociona sin necesidad de palabras. Por eso, cuando un consumidor elige su helado, elige también una manera de estar en el mundo.

Permanecer es eso: ser coherente incluso cuando nadie mira. La emoción verdadera deja raíces; la impostada, apenas deja ruido.

La emoción vacía

El Principito sabía que no todo lo que brilla tiene alma. Había visto planetas llenos de luces que prometían grandeza, pero, al acercarse, se daba cuenta de que solo reflejaban ruido. Y pensó que con algunas marcas ocurría lo mismo: había emociones tan bien construidas que parecían auténticas, pero que al tocarlas se deshacían, ¡chas!, como una pompa de jabón perfecta que se desvanece justo cuando la rozas. Eran emociones sin alma, discursos bien pulidos que habían olvidado lo esencial: sentir antes de comunicar.

El marketing emocional, cuando se practica sin autenticidad, se convierte en una obra de teatro. Todo parece cuidado: el guion casi perfecto, los actores entregados, el atrezo impecable... Pero cuando cae el telón y se apagan las luces, la función termina y el guion queda olvidado en un camerino, los actores vuelven a su vida y el decorado, por muy bello que sea, no amuebla ninguna realidad. Los mensajes suenan bien, las imágenes conmueven y las palabras acarician, pero en el fondo algo chirría. Falta la coherencia entre lo que se dice y lo que se hace, entre lo que se promete y lo que se entrega. Esa disonancia, aunque sea sutil, se percibe al instante, porque la emoción fingida tiene un eco distinto: no vibra, solo resuena.

Durante su viaje, el Principito había aprendido a reconocer ese eco. Era el mismo que se escuchaba en el planeta del Vanidoso, donde todos buscaban miradas, pero nadie veía a nadie. O en el del Hombre de Negocios, donde se contaban estrellas sin detenerse a admirarlas. En ambos mundos reinaba una ilusión parecida: la de confundir atención con afecto, brillo con verdad. A veces, pensó, el marketing también se pierde en esos planetas. Cuando la emoción se utiliza como un truco, deja de ser emoción; cuando se fuerza el sentimiento, se convierte en espectáculo.

Hoy, muchas marcas hablan de valores y propósito, pero lo hacen desde el guion, no desde la convicción. Algunas proclaman sostenibilidad mientras producen sin respeto; otras se visten de inclusión, pero siguen mirando al mundo desde la exclusión. Hay quienes apelan a la empatía solo cuando el calendario ofrece una oportunidad o una causa trending. Todas ellas comparten la misma paradoja: pronuncian las palabras correctas, pero vacías de verdad. Y el público, cada vez más sensible y atento, lo percibe con claridad.

El greenwashing, el purpose-washing y las campañas emocionales de laboratorio son los nuevos disfraces del marketing moderno. Intentan apropiarse del lenguaje de la sensibilidad, pero sin haberlo sentido. Reducen lo esencial a tendencia, lo humano a estrategia. Pero las emociones, como el alma, no se improvisan. Y cuando se fingen, se nota. No hay algoritmo capaz de ocultar la falta de coherencia ni inversión suficiente para sustituir la verdad.

La emoción vacía tiene un efecto inmediato: capta la atención, pero no genera confianza. Puede deslumbrar durante un instante, pero no deja huella, como si fuera un fuego artificial que ilumina sin calentar. La emoción verdadera, en cambio, no busca aplausos ni destellos: acompaña para permanecer, no para impresionar, y esa diferencia, aunque invisible, lo cambia todo.

El Principito lo escribió en su cuaderno:

«Las palabras conmueven solo cuando el corazón las sostiene, lo demás es eco.»

Lo hizo después de observar cómo algunos mundos vivían de reflejos: brillaban mucho, pero no alumbraban a nadie. Y comprendió que lo mismo sucede con las marcas que usan la emoción sin alma: hacen ruido, pero no dejan recuerdo. El marketing que perdura no es el que emociona más, sino el que emociona con sentido. El que no utiliza el sentimiento como maquillaje, sino como raíz. Porque, en el fondo, las personas —igual que las rosas— no buscan perfección, sino cuidado que se demuestra.

Así entendió el Principito que la emoción vacía es solo un espejismo. Puede llenar titulares, pero no corazones. La emoción verdadera, la que permanece, es la que nace del alma. Y absolutamente todo lo demás se disuelve con el ruido del siguiente anuncio.

El cuaderno del Principito: teorías invisibles con alma

El Principito abrió su cuaderno, el mismo que había ido llenando durante el viaje con frases sueltas, dibujos torpes y certezas que había sentido antes de entender. Entre sus páginas se adivinaban los grandes aprendizajes que le habían dejado todos los planetas. Cada encuentro, cada conversación, había sembrado una idea y ahora, al releerlas, comprendía que muchas de las hipótesis que había formulado con el corazón eran las mismas que, mucho tiempo después, otros convertirían en teoría.

Había aprendido, por ejemplo, que la razón no es la primera en llegar, que sentimos antes de pensar. Esa intuición —que los sabios explicarían años más tarde con los dos sistemas de pensamiento de Daniel Kahneman— le confirmaba que las decisiones humanas nacen del pellizco, no del cálculo. El marketing con alma parte de esa verdad: las personas eligen con la emoción y justifican con la razón. Recordó al Bebedor, que trataba de apagar lo que sentía, y comprendió que reprimir las emociones, en la vida o en el marketing, solo genera desconexión.

También comprendió que influir no es dominar, sino comprender; que persuadir sin empatía es manipular. Lo que el Zorro le había enseñado sobre la paciencia y la confianza coincidía con lo que Robert Cialdini llamaría «principios de la influencia»: reciprocidad, coherencia, empatía y compromiso. El marketing emocional también domestica, pero con cuidado: construye vínculos desde la comprensión, no desde la imposición. No como hacía el Rey, que pedía obediencia sin escuchar, sino como quien ofrece cuidado y recibe confianza.

De sus encuentros con el Hombre de Negocios había aprendido que el valor no se mide por la cantidad de estrellas que se poseen, sino por el recuerdo que se deja en quien te mira. Lo que Kevin Lane Keller formularía como «el valor de marca basado en el cliente» —la fuerza emocional que una marca tiene en la mente y el corazón de las personas—, él ya lo había sentido. En el marketing con alma, el valor no se acumula: se siente.

También había entendido que el propósito no se proclama, se practica. Que servir es más poderoso que vender. Esa lección, que Philip Kotler transformaría después en el paso del marketing transaccional al marketing con propósito, él la había aprendido al pensar en el Farolero, que repetía su tarea sin sentido, y en el Jardinero, que cuidaba su planeta arrancando los baobabs a tiempo. Las marcas con alma son así: cultivan, previenen, sostienen. No repiten por rutina, sino por convicción.

En otra página escribió una frase simple: «Empieza por lo que de verdad te mueve». Años después, Simon Sinek la convertiría en el método Golden Circle. El Principito ya había comprendido que a las personas no les inspira lo que haces, sino el porqué que te impulsa a hacerlo. El marketing emocional nace de esa coherencia interna, y pensó que el Vanidoso, con su necesidad constante de aplauso, jamás entendería eso: el propósito no es ser admirado, sino conectar.

De la Rosa y del Zorro también había aprendido que el respeto y el amor no son opuestos, sino que se sostienen. Aquello que Kevin Roberts llamaría «lovemarks» —las marcas que combinan respeto y amor, razón y emoción—, él las había vivido sin necesidad de teorías. En el marketing con alma, como en los lazos del Zorro, la confianza se construye con tiempo y cuidado. Lo esencial no es el brillo, sino el vínculo.

En sus notas aparecía otra observación que Marc Gobé, años más tarde, definiría como «emotional branding», es decir, que las marcas se sienten con los cinco sentidos. El Principito lo había descubierto sin plan alguno: en el olor de su flor, en la textura de la arena, en el sonido del farol encendiéndose... Entendió que una marca con alma, igual que una emoción, se hace real cuando puede tocarse, oírse y recordarse con los sentidos. La emoción necesita materia para habitar la memoria.

También había intuido algo que Prahalad y Ramaswamy formalizarían después como «co-creación»: los lazos se fortalecen cuando el otro participa. Lo había aprendido escuchando al Aviador, cuando ambos compartieron historias y silencios. El marketing emocional también se construye cuando el cliente deja de ser espectador y pasa a ser parte. Lo que se crea juntos tiene más verdad que lo que se impone desde fuera.

Y, al final, entre las últimas páginas del cuaderno, escribió una frase que resumía lo que Byron Sharp demostraría años más tarde: «Lo que se siente, debe poder encontrarse». Recordó al Geógrafo, que dibujaba mapas pero no viajaba, y al Astrónomo, que observaba cielos sin habitar ninguno. Entendió que la emoción, para convertirse en conexión duradera, necesita estructura: ser accesible, visible, coherente. En el marketing con alma, sentir no basta; hay que convertir la emoción en experiencia y la experiencia en recuerdo.

El Principito cerró el cuaderno despacio. Comprendió que todos aquellos descubrimientos que había hecho sin maestros coincidían con las teorías que otros formularían con tiempo y método. Sonrió al pensar que la emoción y el conocimiento no eran opuestos, sino aliados: la primera da sentido, el segundo da forma.

Entonces escribió en el margen una última reflexión, sencilla y luminosa, como una brújula para quien quisiera seguir su camino:

«La emoción más pura necesita método, y la estrategia, para ser humana, necesita alma.»

Miró el cuaderno por última vez y añadió, como si hablara para sí mismo:

«Las emociones se sienten, pero también se aprenden. Lo invisible puede estudiarse si se hace con el corazón.»

Branding personal con alma: cuando la marca soy yo

El Principito comprendió que, en el fondo, todos somos un poco como las marcas. No porque llevemos un logotipo o un eslogan, sino porque dejamos huellas. Cada gesto, cada palabra, cada silencio construye la percepción que los demás guardan de nosotros. La diferencia está en si esa huella nace de la intención o de la autenticidad.

Durante su viaje había conocido a muchos personajes que querían destacar a toda costa: el Rey, que exigía obediencia para sentirse importante; el Vanidoso, que pedía aplausos para no oír su vacío; el Hombre de Negocios, que medía su valor en cifras. Todos ellos se presentaban como grandes marcas, pero ninguna tenía alma. Representaban lo que muchas personas hacen cuando confunden visibilidad con conexión: se muestran mucho, pero comunican poco.

El branding personal con alma no trata de construir una imagen perfecta, sino de mostrar una verdad coherente. No consiste en inventar un personaje, sino en revelar una esencia. El alma, en este caso, es la coherencia entre lo que uno siente, dice y hace. En marketing personal, esa coherencia se convierte en confianza; y la confianza, en influencia.

El Principito recordó al Zorro, que le enseñó que los vínculos requieren tiempo. Lo mismo ocurre con la reputación: no se gana de golpe, se cultiva. La autenticidad no es una estrategia, es una práctica. En un mundo que premia lo inmediato, ser constante es un acto casi revolucionario.

También pensó en la Rosa, que a veces hablaba desde sus espinas para no mostrar su miedo. Entendió que cuidar es dar espacio, no control. En el branding personal, esa honestidad también importa: lo que se protege con verdad se vuelve más humano.

El Aviador, en cambio, le recordó que compartir lo vivido da sentido a lo aprendido. Las personas que comunican desde la experiencia, no desde el manual, generan una conexión distinta, pues hacen sentir que lo que cuentan viene de un lugar real. Mostrar la propia historia —con sus caídas, sus dudas y sus aprendizajes— no debilita la marca; la hace creíble.

El branding personal con alma se sostiene sobre tres pilares invisibles: la coherencia, la empatía y el propósito.

1. Coherencia, porque lo que no se vive no se transmite.
2. Empatía, porque comunicar sin escuchar es hablar solo.
3. Propósito, porque la proyección sin sentido acaba vacía.

En la era del exceso de exposición, ser auténtico se ha vuelto un acto de resistencia. No se trata de destacar por volumen, sino por verdad. La visibilidad sin coherencia es como una estrella fugaz: brilla, pero desaparece rápido.

El Principito pensó entonces en todas esas personas anónimas que, sin saberlo, comunican con alma. Las maestras que enseñan con paciencia, las doctoras que escuchan antes de recetar, las artesanas que ponen intención en cada detalle, las amigas que saben acompañar en silencio. Ninguna de ellas busca atención, pero todas dejan marca. Ellas son el recordatorio de que el carisma no nace del ruido, sino de la coherencia entre lo que se siente y lo que se comparte.

Y escribió en su cuaderno una vez más:

«Cuando lo que eres coincide con lo que dices, y lo que dices con lo que haces, el alma se nota.»

Pensó que, quizá, esa era la base de todo branding humano: no buscar ser admirado, sino recordado con afecto. Porque, igual que las marcas con alma, las personas que inspiran no gritan, resuenan.

Manual para ser una marca con alma

Después de todo lo que había vivido, el Principito entendió que las lecciones verdaderas no se deberían olvidar, porque si sabes dónde se ha caído alguien, puedes evitar el bache... aunque luego te caigas en otro sitio. Por eso, antes de concluir su viaje, escribió unas pocas notas en su cuaderno. No eran teorías ni instrucciones, sino pequeñas verdades que había sentido en cada planeta. Las llamó, con timidez, «Manual para crear marcas con alma».

1. Crea atmósferas, no anuncios

Las marcas con alma no buscan impresionar, buscan emocionar. No miden su éxito por el volumen del impacto, sino por la intensidad del recuerdo que dejan. La emoción no se impone, se respira.

Las marcas con alma saben que cada punto de contacto comunica más que cualquier campaña. Pueden aplicar este principio a su atención telefónica, el olor de una tienda o el despliegue de una web. La música, la luz, los materiales, el packaging, los tiempos y silencios son lenguaje emocional. Diseñar una web que inspire calma, envolver un producto con un olor reconocible, cuidar el tono del correo de bienvenida o del mensaje de agradecimiento son acciones que convierten la compra en experiencia. La atmósfera viene antes de la historia.

El Principito pensó en su planeta, en cómo el olor de su rosa llenaba el aire sin pedir permiso. No hacía falta verla: su presencia bastaba. *«Así deberían ser las marcas»*, escribió. *«Que se noten sin gritar.»* Y pensó también que, si tuviera que hacer una campaña para vender su bufanda amarilla, aquella que lo acompañaba en todos los viajes, no usaría modelos ni frases inspiracionales. Dejaría que las tiendas olieran a viento limpio y a polvo de estrella, que la tela se moviera suavemente como si guardara calor de hogar. No habría carteles, solo una sensación: la de estar protegido incluso lejos de casa.

2. Habla para reconocer, no para convencer

La comunicación con alma no trata de gritar más fuerte, sino de hablar más claro. Las marcas verdaderamente emocionales no seducen, sintonizan. Entienden que el lenguaje no es una herramienta para dominar, sino un puente para acercarse.

Este principio puede aplicarse tanto en la estrategia de comunicación como en el diseño de los mensajes. Las marcas con alma utilizan palabras que generan cercanía, no imposición. En redes, sustituyen el tono publicitario por el diálogo; en publicidad, cambian el «somos los mejores» por «esto también te pasa»; en la web, hacen preguntas en lugar de dar órdenes. Escuchar a los clientes, contar historias reales o incorporar su voz en la narrativa convierte la comunicación en espejo. La empatía se construye cuando el lenguaje reconoce antes que persuade.

El Principito recordó al Zorro, que le enseñó que las verdaderas relaciones no se fuerzan: se descubren poco a poco, como quien reconoce una voz entre la multitud. Y se imaginó haciendo una campaña para su silla de viaje, aquella desde la que observaba los atardeceres. No diría: «La mejor vista del universo», en su lugar contaría la historia de quienes buscan su propio lugar desde donde mirar el cielo. Pondría una sola frase: «Encuentra el punto exacto donde tu corazón descansa». Las marcas con alma no venden objetos: ofrecen maneras de sentirse en casa.

3. Convierte lo cotidiano en experiencia

La emoción no siempre nace del asombro, sino de la repetición con sentido. Una marca con alma no busca sorprender cada día, sino acompañar siempre de la misma manera. En lo ordinario también puede habitar lo extraordinario.

Una marca con alma sabe que las emociones se construyen en la práctica, no en el discurso. Puede hacerlo creando rituales alrededor de sus productos o servicios: una caja que se abre despacio, un packaging que guarda un mensaje escrito a mano, una newsletter que se recibe siempre el mismo día y se espera como una cita... Las marcas con alma piensan en la secuencia completa, es decir, cómo se entrega, cómo se usa, cómo se recuerda. Un simple envío puede convertirse en un momento.

El Principito pensó en el Farolero, que encendía y apagaba su farol sin saber muy bien por qué. Su gesto tenía forma de ritual, pero no alma: era repetición sin presencia. Entonces imaginó qué ocurriría si esa rutina, en lugar de hacerse por inercia, se hiciera con sentido. Si un farol se encendiera cada noche no por obligación, sino como un recordatorio de esperanza; no para cumplir un horario, sino para acompañar a quien lo mira. Las marcas con alma no iluminan para demostrar potencia, iluminan para acompañar.

4. Sé coherente incluso cuando nadie mira

El alma de una marca no se mide en palabras, sino en actos. La coherencia no se anuncia, se demuestra. No hay emoción auténtica sin verdad detrás.

Aplicar este principio implica revisar la cultura interna tanto como la comunicación externa. Las marcas con alma alinean su narrativa con sus decisiones: si hablan de sostenibilidad, cuidan los materiales; si prometen inclusión, revisan sus equipos; si defienden transparencia, explican sus procesos. Una promesa adquiere valor solo cuando la práctica la sostiene. La coherencia no se ve, pero se siente en cómo se fabrica, se trata al equipo o se responde ante un error.

El Principito recordó al Jardinero, que cada mañana arrancaba los baobabs sin que nadie lo viera. Sabía que, si no lo hacía, las raíces invisibles destruirían su planeta. Y pensó que si tuviera que promocionar su cuaderno de viaje, no mostraría frases inspiradoras ni ilustraciones bonitas, enseñaría las páginas manchadas de arena, los dibujos torpes, las huellas de lo vivido. «No hay página perfecta, solo historias verdaderas», porque una marca con alma no busca parecer sincera, lo es.

5. Humaniza cada encuentro

Una marca con alma no busca clientes: construye relaciones. Sabe que la emoción más poderosa es sentirse reconocido. Cada interacción es una oportunidad para cuidar.

Las marcas con alma lo aplican en su servicio, su atención y sus procesos digitales. Personalizan sin invadir, saludan por el nombre, agradecen sin fórmulas vacías. En redes, contestan con voz humana; en el packaging, dejan mensajes escritos por personas; en los procesos de postventa, ofrecen soluciones, no excusas. Cada interacción puede ser un acto de cuidado porque saben que la humanidad no es un tono, es una actitud.

Ahora el Principito tenía claro que, si tuviera que crear una campaña para su botella de agua del pozo, no hablaría de pureza ni de minerales. Lo que haría sería contar la historia de la sed compartida, de las conversaciones que solo ocurren cuando se descansa bajo el mismo sol. Su mensaje sería: «No vendemos agua, ofrecemos descanso». Porque en el fondo, la humanidad también se bebe.

6. Deja huella, no solo recuerdo

La emoción verdadera no se agota en el momento: permanece. Una marca con alma no busca solo ser visible, sino ser recordada por lo que aporta.

Las marcas con alma piensan a largo plazo. Este principio se aplica en sus proyectos, en el diseño de productos duraderos, servicios que acompañan o experiencias que dejan algo después del uso. Pueden generar huella a través de la colaboración, la educación o el compromiso:

una *app* que enseña, un envase que se reutiliza, una acción que mejora una comunidad. No se trata de hacer mucho, sino de hacerlo bien y con sentido.

El Principito miró el cielo y pensó en su risa, esa que seguiría sonando entre las estrellas cuando ya no estuviera. Entendió que la verdadera huella no deja marca, sino eco.

Tenía muy claro que, si tuviera que cerrar su campaña para su reloj de arena estelar, no haría una cuenta atrás ni hablaría del paso del tiempo. Simplemente dejaría que, al volcarlo, el sonido de la arena evocara una respiración tranquila. Su lema sería: «El tiempo también se puede cuidar». Las marcas con alma hacen eso, convierten el paso del tiempo en un gesto de ternura.

Cuando terminó, el Principito leyó lo que había escrito y sonrió. No había diseñado un manual, sino un recordatorio: toda marca, igual que toda persona, tiene una forma única de latir.

Y escribió en la esquina del papel, como si fuera un pensamiento al aire:

«El marketing con alma no vende, invita, y cuando algo invita desde el corazón, el universo entero responde.»

Reflexión final del Principito: «Del propósito al alma»

Cuando el Principito cerró su cuaderno, el silencio le pareció distinto. No era el silencio de quien termina algo, sino de quien comprende.

Había pasado de planeta en planeta buscando respuestas y, al final, descubrió que todas las preguntas llevaban al mismo lugar: el alma.

El alma de las personas, de las ideas, de las marcas.

Comprendió que el propósito era solo el principio del viaje. Que tener un propósito ayuda a empezar, pero tener alma permite quedarse. Porque el propósito se declara, pero el alma se demuestra. El propósito puede escribirse en una frase; el alma, en cambio, se nota en los gestos. Y aunque una marca puede hablar de sostenibilidad, inclusión o empatía, solo tiene alma si lo hace cuando nadie la aplaude, si lo siente cuando nadie la mira.

El Principito miró su planeta y pensó en la Rosa, en el Zorro, en el Aviador. Todos le habían enseñado que la emoción no se fabrica, se cuida; que lo invisible —la coherencia, la intención, el afecto— es lo que sostiene lo visible.

Y entendió que eso mismo es lo que da sentido al marketing con alma, no el brillo, sino el vínculo; no la táctica, sino la verdad.

Pensó también en las marcas que había conocido en sus viajes. Algunas hablaban de propósito con voz alta, otras actuaban en voz baja. Y descubrió que las segundas eran las que permanecían, porque su coherencia brillaba más que sus campañas.

Miró el cielo una última vez y pensó que el alma no estaba en las estrellas, sino en el tiempo que dedicamos a cuidarlas.

Y entonces escribió en el último rincón del cuaderno:

«Lo esencial sigue siendo invisible a los ojos, pero el alma, cuando es verdadera, se nota. Se siente en

las emociones que despierta y en la huella
silenciosa que deja al pasar.»

Cerró el cuaderno, sonrió y dejó que el silencio hablara. Porque entendió que, cuando algo tiene alma, ya no necesita explicación.

Epílogo

El Principito, maestro invisible del branding

Ahora que hemos llegado juntos hasta aquí, quiero contarte algo a nivel personal: cuando empecé este viaje con el Principito, pensaba que estaba escribiendo sobre marketing, marcas y estrategias. Y sí, eso es lo que he hecho —quizá porque, de un modo u otro, todo lo que miro termina pasando por ese filtro—, pero cuanto más avanzaba, más entendía que el marketing no es solo una disciplina empresarial: es una forma de mirar el mundo. Es cómo nos vinculamos, cómo nos cuidamos, cómo dejamos huella en los demás. Si releo los capítulos, me doy cuenta de que muchas de las ideas que aparecen aquí podrían aplicarse igual a un cliente, amigo, hijo o pareja. Al final, todo es marketing, porque todo es relación.

Al repasar las notas que he ido garabateando en mi cuaderno durante todo el proceso —intentando emular al Principito y dar forma a mis propios aprendizajes— me encuentro con frases que parecen venir de él, y con otras que resuenan como ecos: algunas están en el libro, otras circulan como citas atribuidas a Saint-Exupéry, aunque quizá nunca las escribiera. Pero todas comparten lo mismo, eso es, destellos de verdad capaces de iluminar tanto una marca como una vida. No están todas las que son ni son todas las que están. Y no siguen un orden exacto, salvo unas que se repiten porque hay verdades que merecen ser escritas tantas veces como haga falta. Así que aquí las dejo, como pequeñas estrellas recogidas en un viaje, para que iluminen también tu camino.

1. «Lo esencial es invisible a los ojos»

El valor más profundo de una marca no se encuentra en su logotipo ni en la estética de una campaña, sino en lo que genera en quienes la viven. Lo invisible son las emociones, la confianza, la seguridad de que cada interacción cumplirá lo prometido. Una publicidad llamativa puede atraer miradas, pero la lealtad nace de lo que no se ve: la forma en que se resuelve un problema, la empatía de un empleado, un detalle inesperado en el momento oportuno. En branding, lo invisible no es un adorno, es la esencia que sostiene todo lo visible.

2. «Solo se ve bien con el corazón»

Las métricas y los informes son necesarios, pero nunca suficientes. Una marca no se sostiene solo con números, sino con vínculos emocionales que trascienden la estadística. Los datos pueden explicar cuántos clientes llegan, pero no por qué deciden quedarse. Esa parte invisible —el recuerdo de una atención especial, la emoción al abrir un paquete, la sensación de sentirse comprendido— es lo que termina pesando más a la hora de volver. El corazón es, al final, el mejor panel de control de una marca.

3. «Eres responsable de lo que has domesticado»

Una relación con un cliente no se termina en la transacción, empieza allí. Fidelizar no es retener, sino cuidar. Cuando alguien confía en una marca, deposita en ella expectativas que van más allá del producto. Espera coherencia en cada contacto, atención incluso cuando no hay problemas y la sensación de que su elección importa. Igual que el Principito aprendió con el Zorro, el vínculo se mantiene porque uno se compromete a estar presente, no solo a poseer.

4. «Todos los adultos fueron niños, pero pocos lo recuerdan»

Las marcas que no olvidan el juego, la curiosidad y la creatividad logran conectar en un nivel más humano. Incluso en sectores serios o formales, esa chispa de imaginación permite sorprender y emocionar. El niño interior recuerda que una experiencia no tiene que ser perfecta para ser inolvidable, basta con ser auténtica, cercana y distinta. Mantener vivo ese espíritu es lo que diferencia a las marcas que aburren de las que fascinan.

5. «Es mucho más difícil juzgarse a uno mismo que a los demás»

La autocrítica es una herramienta estratégica. Una marca que se atreve a mirarse con honestidad detecta antes sus errores y puede corregirlos antes de que se conviertan en crisis. Revisar un proceso, cuestionar un producto o escuchar de verdad al cliente no es señal de debilidad, sino de fortaleza. La autenticidad nace de esa capacidad de decir: «Podemos hacerlo mejor». En marketing, como en la vida, el espejo más valioso no es el que adula, sino el que refleja lo que hay que mejorar.

6. «El tiempo que perdiste por tu rosa es lo que hace que tu rosa sea tan importante»

La dedicación es el verdadero generador de valor. Un cliente no se enamora de una marca por una sola interacción, sino por la suma de momentos en los que percibe que ha sido cuidado. El tiempo invertido en escuchar, personalizar y mejorar lo que no se ve convierte la relación en algo único y difícil de replicar. En branding, el tiempo nunca es un gasto: es la inversión más duradera.

7. «No se debe juzgar a un libro por su portada»

El diseño es importante porque abre la puerta, pero lo que importa es lo que viene después. Un producto con un envase impecable que no cumple lo que promete genera frustración. Por el contrario, una experiencia coherente y honesta puede convertir un envase sencillo en un recuerdo memorable. La portada atrae, pero la historia que se cuenta dentro es lo que hace que alguien quiera volver.

8. «Si vienes, por ejemplo, a las cuatro, desde las tres empezaré a ser feliz»

La experiencia de una marca no empieza en el momento de la compra, sino antes. Anticipar, preparar, ilusionar... Esas son las claves para construir expectativa positiva. Un cliente que se siente cuidado incluso mientras lo esperan, está disfrutando antes de recibir el producto o servicio. En marketing, la antesala de la experiencia es tan importante como el acto mismo; el viaje comienza mucho antes de la puerta de entrada.

9. «Es una locura odiar todas las rosas porque una te pinchó»

Un error no destruye una marca, pero la indiferencia sí. La reacción ante una crisis puede convertir un tropiezo en una oportunidad de fortalecer la relación. Reconocer el fallo con humildad, reparar el daño y aprender son gestos que generan más confianza que una perfección impostada. Los clientes no esperan marcas infalibles, esperan marcas humanas capaces de reaccionar con dignidad.

10. «El lenguaje es fuente de malentendidos»

Comunicar de manera clara no es tener un detalle, es una forma de respeto. Mensajes ambiguos o promesas vagas generan distancia emocional. En cambio, una voz sencilla, directa y honesta transmite seguridad. En marketing, las palabras son puentes o muros: de su claridad depende si los clientes se acercan o se alejan.

11. «Los hombres ya no tienen tiempo de conocer nada»

En la inmediatez del consumo, muchas marcas olvidan que conocer a un cliente requiere tiempo. No se trata solo de saber qué compra, sino de entender por qué lo hace, qué siente, qué le preocupa. La prisa por cerrar ventas impide cultivar vínculos duraderos. El conocimiento profundo del cliente no se obtiene con atajos, requiere escucha, observación y paciencia.

12. «Los hombres compran cosas hechas en las tiendas, pero como no existen tiendas de amigos, los hombres ya no tienen amigos»

La sociedad actual ofrece todo listo para consumir, pero lo esencial no se compra. En branding, esto se traduce en que ninguna promoción sustituye la sensación de cercanía auténtica. La amistad, la comunidad y la confianza no se fabrican en serie; se construyen con gestos reales, con tiempo compartido, con autenticidad. Una marca que lo entiende no busca vender amistad, sino crear espacios donde pueda nacer.

13. «Lo esencial es invisible a los ojos»

La repito aquí porque hay verdades que necesitan ser recordadas. El alma de una marca no se mide por lo que brilla en la superficie, sino por lo que permanece después de cada interacción. Las campañas terminan, los anuncios se olvidan, pero la confianza generada en los pequeños detalles sigue ahí. Esa es la verdadera esencia.

14. «Es el espíritu y no la máquina lo que crea»

La tecnología es necesaria, pero nunca suficiente. Puede automatizar procesos, optimizar recursos y multiplicar el alcance, pero la chispa que conecta de verdad con las personas siempre nace de la intención humana que hay detrás. Una campaña no impacta por la herramienta que la ejecuta, sino por la visión y la emoción que transmite.

15. «Uno corre el riesgo de llorar un poco cuando se ha dejado domesticar»

Toda relación, incluso la más cuidada, conlleva vulnerabilidad. En el mundo de las marcas, significa aceptar que, al generar vínculos, también se asume la posibilidad de decepcionar. Pero ese riesgo es precisamente lo que da valor a la relación. Sin vulnerabilidad no hay confianza, y sin confianza no hay fidelidad.

16. «Los hombres ocupan mucho lugar en la Tierra»

Las marcas también. Ocupan espacio cultural, mediático y emocional. La pregunta no es si están presentes, sino cómo lo están. Una marca consciente procura que su huella sea valiosa: no llenar por llenar, sino aportar significado. En marketing, ocupar espacio sin propósito es ruido; ocuparlo con sentido es influencia.

17. «Lo que embellece al desierto es que en algún lugar esconde un pozo»

Incluso en mercados saturados hay oportunidades ocultas. Lo difícil no es ofrecer lo mismo que todos, sino descubrir lo que nadie ha visto todavía. Solo quienes miran más allá de la superficie encuentran pozos en medio del desierto: espacios de innovación, de experiencia o de propósito que dan agua cuando todos creen que solo hay arena.

Al cerrar estas páginas, me queda claro que lo que he escrito no es solo un libro sobre marketing, es un recordatorio de que cada interacción, cada relación y cada gesto forman parte de una red invisible que nos une.

Saint-Exupéry no lo llamó branding; lo llamó cuidado, responsabilidad y amor. Y aunque él hablaba de rosas y planetas, sus palabras siguen siendo la mejor estrategia que conozco para cualquier marca: «Lo esencial es invisible a los ojos».

Porque lo invisible, cuando es verdadero, se queda para siempre.

¿Quieres llevar el marketing con alma a tu empresa?

Aquí empieza el viaje

Si has llegado hasta aquí, es porque algo de este viaje ha resonado en ti. Quizá este libro te hizo sonreír, recordar o reflexionar. Tal vez incluso viste reflejada a tu organización en alguno de los planetas que visitamos junto al Principito. Seguramente no en uno solo, sino en varios, porque, como nos pasa a todas las personas, hay partes de las que nos sentimos orgullosas y otras que sabemos que podemos cuidar mejor.

En cada empresa conviven distintas formas de comunicar, vender, crear y relacionarse —con los clientes, pero también con el propio equipo—. Y todo eso merece una mirada consciente, serena y constructiva.

Ese viaje podemos hacerlo juntos. Y, por supuesto, acompañados del Principito:

- Podemos regalar este libro a tu equipo para entablar conversaciones que nunca se han tenido, algunas dulces, otras incómodas, pero siempre necesarias.
- Podemos organizar una jornada distinta, no una reunión más, sino un espacio donde mirarnos, escucharnos y decidir qué tipo de marketing queréis —queremos— encarnar.
- Podemos diseñar talleres creativos para repensar productos, servicios y mensajes desde un lugar más humano, donde la estrategia y la emoción caminen de la mano.
- Podemos transformarlo en una conferencia inspiradora, perfecta para una convención o reunión anual, que despierte reflexión y propósito.
- Podemos convertirlo en un curso a medida, para que vuestra marca no solo venda más, sino que conecte mejor, tanto dentro como fuera de la organización.
- O incluso podemos trabajarlo en sesiones privadas, íntimas y enfocadas en vuestros retos reales para avanzar con la calma y la profundidad que merece lo importante.

El formato es lo de menos. El objetivo es siempre el mismo: mirar el marketing —y las relaciones humanas— con los ojos del Principito para reconectar con lo esencial. Porque lo esencial del marketing es invisible a los ojos, pero está esperando a ser recuperado.

Si sientes que este puede ser ese momento para ti, tu equipo o tu empresa, escríbeme a svillegas@bemarca.com.

Estaré encantada de escucharte y de comenzar juntos este viaje.

Agradecimientos

A lo largo de mi vida ha quedado más que demostrado que —para bien o para mal— tengo el cuestionable don de hacer las cosas al revés de lo que se espera. No sé por qué lo hago, pero fiel a esa tradición, hoy también empiezo la casa por el tejado: estos agradecimientos son, en realidad, las primeras palabras que escribo de este libro.

Sí, puede parecer excéntrico. Pero quiero pensar que también es honesto. Porque si algún día este libro llega a publicarse, y tú lo tienes ahora mismo entre las manos (¡gracias, por supuesto!), es porque alguien muy especial sembró esta idea en mi cabeza con una pregunta inocente pero cargada de valor. Una de esas preguntas que vienen envueltas en ternura y llenas de verdad:

«Mami, ¿te das cuenta de que siempre lo cuentas todo hablándome del Principito?»

Y tenía razón.

La ironía es que *El Principito* nunca había sido un libro especialmente importante para mí hasta que se convirtió en la obsesión de mi hijo. Y claro, cualquiera que entienda de marketing sabe que al público objetivo hay que hablarle desde sus propios insights, porque el marketing —el bueno, el que conecta— se basa en encontrar ese punto exacto donde lo que tú quieres decir se cruza con lo que el otro necesita escuchar. Y, para mi hijo, ese punto se llamaba «Principito», y absolutamente todo era más fácil si se lo explicaba con analogías de rosas, zorros, baobabs y aviadores. Así que, sin darme cuenta, fui utilizando las enseñanzas del Principito para hablar con él de las cosas importantes de la vida: el amor, la amistad, la lealtad, el ego, el miedo, la pérdida, el deseo de pertenecer y esa eterna búsqueda de lo invisible a los ojos.

Lo he usado en momentos bonitos, pero también en otros más difíciles. Porque eso tiene esta historia tan sencilla y profunda: te pone la vida delante, sin grandes adornos; te da herramientas, te reconcilia, te explica sin juzgar.

Y fue entonces cuando me di cuenta: otra vez él —sin pretenderlo— me había enseñado algo. Me había lanzado un anzuelo, como tantas veces antes. Y cuando mordí la idea, ya no pude soltarla, me bastó esa chispa para apostar todo el corazón.

¿Y si todo este tiempo *El Principito* ha sido mi estrategia de comunicación más efectiva y yo ni siquiera lo sabía? ¿Cómo es posible que, si llevo toda la vida hablando de marketing con compañeros, clientes y alumnos —y me apasiona explicarlo a través de metáforas—, aún no me haya atrevido a visitar el asteroide B-612 a través de la lente del marketing para explicar cómo las marcas deben enfocarse en lo esencial y en lo que realmente importa?

Y desde ese chispazo, esta idea no dejó de crecer. Hasta hoy.

Así que gracias, Otger, por tu alma de preguntón, por tu curiosidad infinita, por regalarme preguntas que se convierten en semillas y terminan floreciendo en ideas. Este libro nace de ti, y contigo he aprendido (otra vez, y ya no sé cuántas van) que las grandes lecciones llegan en voz baja, y que las preguntas de un niño pueden cambiar el rumbo de una adulta.

Este libro es tan tuyo como mío. Y, ahora, también de todas las personas que se han atrevido a mirar lo invisible para entender lo esencial.

Y gracias también al Principito que, sin saberlo, es un pequeño maestro de marketing.